新时代智库出版的领跑者

国家智库报告 2024（8）
National Think Tank

经　济

平台社会经济价值研究

李勇坚　刘奕　肖婷婷　著

RESEARCH ON SOCIO-ECONOMIC VALUE OF PLATFORM

中国社会科学出版社

图书在版编目（CIP）数据

平台社会经济价值研究 / 李勇坚, 刘奕, 肖婷婷著. -- 北京：中国社会科学出版社, 2024. 7. -- （国家智库报告）. -- ISBN 978-7-5227-3818-5

Ⅰ.F492.6

中国国家版本馆 CIP 数据核字第 20245JC404 号

出 版 人	赵剑英
责任编辑	周　佳
责任校对	赵雪姣
责任印制	李寡寡

出　　版	中国社会科学出版社
社　　址	北京鼓楼西大街甲 158 号
邮　　编	100720
网　　址	http://www.csspw.cn
发 行 部	010-84083685
门 市 部	010-84029450
经　　销	新华书店及其他书店

印刷装订	北京君升印刷有限公司
版　　次	2024 年 7 月第 1 版
印　　次	2024 年 7 月第 1 次印刷

开　　本	787×1092　1/16
印　　张	12
插　　页	2
字　　数	160 千字
定　　价	68.00 元

凡购买中国社会科学出版社图书，如有质量问题请与本社营销中心联系调换
电话：010-84083683
版权所有　侵权必究

前　言

平台是一种虚拟或真实的场所，在其中，不同的主体能够完成沟通、匹配、交易。平台本身不生产产品，但可以促成双方或多方供求之间的连接，收取恰当的费用或赚取差价而获得收益。平台本质上不是生产者，而是创造连接的手段。数字经济快速发展，数字空间具有无限扩张性，使平台经济能够突破时空的限制，连接越来越多的多边用户，能够聚合各方资源，降低相关各方的交易成本。这使平台获得了巨大的成长空间，并对数字经济的发展起到主导作用。在全球市值最高的十大企业中，大部分都是平台企业或以平台方式进行运营。全球最大的100家互联网企业中，一半以上都采用平台经济运营模式。

然而，平台经济在高速发展过程中，平台的双边市场效应、先发优势、数据滥用等因素，也带来了损害市场竞争、侵犯消费者权益、破坏创新创业生态等问题，引发大数据杀熟、平台"二选一"、恶意低价抢占市场、强制收集非必要用户数据、限定交易等垄断行为。自2020年开始，中国对平台经济开始进行专项整治。经过数年的治理工作，目前中国平台经济领域监管体系基本构建，发展与规范并重的监管导向确立，相关法律政策正逐步细化，平台经济监管进入有法可依、有章可循的常态化监管阶段。在常态化监管背景下，需要进一步发挥平台经济的优势，推动其高质量发展。

一是进一步明确平台经济的功能与定位。2022年中央经济工作会议指出，"支持平台企业在引领发展、创造就业、国际竞争中大显身手"；2023年政府工作报告指出，"促进平台经济健康持续发展，发挥其带动就业创业、拓展消费市场、创新生产模式等作用"。国务院总理李强在平台经济座谈会上也明确指出，平台经济在创新突破、赋能实体经济、带动中小企业创新等方面大有可为。这些说明中央认可平台企业在经济资源配置、促进消费、供需互动、交易连接、就业创造、交易成本减少等方面的重要价值。中央对平台经济的功能与定位日益明确，社会各界也应该对平台经济的功能与作用形成共识。

二是进一步发挥平台企业在创新突破等方面的重要作用。2020—2022年，中国市值排名前十位的平台企业累计研发投入超5000亿元，年均增速达15%，是中国技术创新领域的重要力量。平台积累了大量数据，在生成式人工智能、自动驾驶、隐私计算等领域，具有研发的优势。平台拥有大量高端研发人才，能够为新技术的研发突破提供支持。平台能够连接到更多的B端与C端用户，形成高效的产业和技术生态，将有利于具有单项技术优势的新创企业，通过平台获得技术应用到实践的互补性资源，快速实现技术向产业的转化，并可利用平台的流量资源等，实现新技术产品的市场快速扩张，形成良性循环。在政策方面，要建立起在隐私保护与国家安全框架内的最大范围的数据共享机制，鼓励平台企业将其数据脱敏或去标识化后进行共享。

三是进一步推动平台经济与实体经济深度融合。平台能够聚合大量终端消费者，通过利用大数据、人工智能等技术，能够更好地帮助实体经济企业找到需求，从而促进实体经济健康发展。平台对中小企业数字化转型过程具有非常重要的地位和作用。在政策方面，要建立政府与平台合作机制，以"政府引导+市场主导"的方式，推动平台与平台上的其他经营者，共同提供更具有针对性的中小企业数字化解决方案，从而将平台赋能实体经济的作用更好地发挥出来。

四是进一步推动平台经济在促消费扩内需方面的重要作用。在新发展格局下，经济动能持续向消费驱动转换。平台企业利用大数据分析和人工智能技术高效匹配用户需求，更精准地把握和挖掘消费者的需求，从而促使生产厂商针对消费者的需求生产出更加符合需求的产品，满足消费分层和个性化定制。平台在创新商业模式、促进消费公平、平衡消费差距等方面有着重要作用。平台能够利用数字技术突破时空的限制，将城市中的优质商品和服务传递到农村地区，提高农村消费者的消费体验和消费品质。截至2023年6月，中国农村网民规模达3.01亿人，农村地区互联网普及率为60.5%，平台企业通过模式创新、渠道下沉、跨境电商等方式，将其服务拓展到农村地区，提高了消费品质和消费体验，也扩大了消费需求。

平台通过解决服务消费的痛点问题，实现服务消费的持续增长。随着中国居民收入水平的持续提升，消费服务化的倾向越来越明显。2023年上半年，人均服务消费额达到5675元，占比为44.5%，较2013年提高了4.8个百分点。服务消费不同于实物消费，面临着信任机制、供需匹配等问题。平台在促进服务消费方面具有独特优势，平台汇聚了大量的服务供给者，消费者可以更低成本地在更大范围内搜寻其所需要的服务。这加剧了服务供给者之间的竞争，迫使其持续进行质量升级，减少利用信息不对称欺诈消费者的情况。服务消费的不可储存性、产销同步性以及服务过程中供需见面的要求，使传统上的服务供给与消费更加依赖空间因素，对距离也更为敏感。而平台通过数字化手段，可以降低消费者的搜寻成本，增强供需匹配度，扩大服务范围，有利于促进服务消费的增长。

五是进一步发挥平台在创造就业方面的重要作用。平台企业提供了大量的创业机会，使中小微企业乃至个体创业者的创业门槛更低、成本更低，从而增加了就业。平台企业通过数字技术降低了许多职业的门槛，解决了弱势群体的就业问题，为年轻人和中低收入群体创造了大量灵活就业和高收益兼职岗位。目前，中国灵活就业总数已超过 2 亿人，其中大部分来自数字经济和平台经济。2021 年，以微信、抖音、快手、京东、淘宝、美团、饿了么等为代表的平台企业，为中国净创造就业约 2.4 亿个岗位，为当年约 27% 的中国适龄劳动人口提供就业机会。在政策上，要根据平台型就业的特征，出台与平台相适应的社会保障等配套政策，从而将平台的就业创造功能更好地发挥出来。

六是进一步优化平台经济的发展环境。应该看到，平台经济在发展过程中，也蕴含着一些风险。因此，需要通过常态化监管，对平台的风险进行预防。在以常态化监管对平台发展过程中的一些负面影响进行控制的同时，也要进一步优化平台经济的发展环境，用宏观层面的制度创新为行业发展创造更为公平高效的竞争环境，切实保护用户、创新者和平台生态系统成员的正当合法利益。要在平台经济市场准入、监管协调等方面进行优化，从而建立健全透明、可预期的常态化监管制度。平台经济推动技术创新、商业模式创新、业态创新，必然会带来新的市场准入和监管问题，这涉及多个部门的协同与协调，需要在制度上予以明确。例如，生成式人工智能与平台上的业务相融合，可能带来数据安全等方面的问题，对这些新业务新技术，要建立起一整套透明规范的评估制度，从而增强可预期性。降低平台及平台内经营者的合规经营成本。要区分商业模式创新、正常竞争策略与违法不当经营的边界，明确区分垄断、资本无序扩张、不正当竞争、隐私泄露或安全等问题，避免只针对平台经济领域采用"运动式""集中式"或"选择性"执法方式，从而建立起一个可预期的、公平竞争的发展环境。

可以看出，对平台企业在经济资源配置、促进消费、供需互动、交易连接、就业创造、交易成本减少等方面的重要价值已获得共识。另外，平台为社会经济所带来的整体效率提升，并没有完全转化为平台企业的利润，其利益大部分回馈给了社会，带动了社会经济的进步，这就是平台社会经济价值的基本内涵。

本书力图建立起平台社会经济价值的理论分析架构：一是平台聚合了各类技术和商业资源，构建产业生态，尤其是平台能够汇聚大量的服务商，提供更为个性化的数字化方案，从而在供给侧促进企业数字化，促进数字经济和实体经济深度融合；二是在供给侧数字化的基础上，平台提高交易匹配度，聚合供给资源，从而促进和扩大消费；三是平台通过提高企业效率和促进消费，增加新的职业和岗位，从而扩大就业。而且，平台也能够在增加就业信息透明度、提升匹配效率方面发挥作用，从而促进就业。从总体上看，本书从平台在促进服务业数字化、稳就业、促消费方面的价值出发，并结合支付宝的实践，对平台社会经济价值进行较为深入的分析。

对平台社会经济价值的研究仍是一个前沿的问题，本书无论在理论分析还是在实证研究方面，都只做了初步分析，难免挂一漏万，后续我们将进一步从平台经济的理论与商业模式创新的角度，进行持续深化研究。

摘要：2022年中央经济工作会议指出，"支持平台企业在引领发展、创造就业、国际竞争中大显身手"；2023年政府工作报告指出，"促进平台经济健康持续发展，发挥其带动就业创业、拓展消费市场、创新生产模式等作用"。这说明中央认可平台企业在经济资源配置、促进消费、供需互动、交易连接、就业创造、交易成本减少等方面的重要价值。另外，平台为社会经济所带来的整体效率提升，并没有完全转化为平台企业的利润，其利益大部分回馈给了社会，带动了社会经济的进步，这就是平台社会经济价值的基本内涵。

本书力图建立起平台社会经济价值的理论分析架构：一是平台聚合了各类技术和商业资源，构建产业生态，尤其是平台能够汇聚大量的服务商，提供更为个性化的数字化方案，从而在供给侧促进企业数字化，促进数字经济和实体经济深度融合；二是在供给侧数字化的基础上，平台提高交易匹配度，聚合供给资源，从而促进和扩大消费；三是平台通过提高企业效率和促进消费，增加新的职业和岗位，从而扩大就业。而且，平台也能够在增加就业信息透明度、提升匹配效率方面发挥作用，从而促进就业。本项研究从平台在促进服务业数字化、稳就业、促消费方面的价值出发，并结合支付宝的实践，对平台社会经济价值进行较为深入的分析。

一是平台对促进"中国式服务业数字化"的价值。

中国服务企业普遍存在着规模小、盈利能力弱、数据意识薄弱、数字化基础差等问题，数字化转型不能照搬国外的现成模式，而需要根据中国企业的特点，更多地发挥平台、服务商、用户的作用，实现各方价值共创，形成以最终用户（C）为中心，由服务商（S）和平台（P）协同，为商家（B）开发出个性化的数字化工具或解决方案，实现"全渠道运营、全链路运营、全生态开放"的中国式服务业数字化模式，即B-S-P-C模式。

在这个模式中，平台发挥着基础性作用，与服务商协同，为商家提供"好用不贵"的数字经营解决方案，从而实现了服务业数字化的"三低（低技术门槛、低成本、低人力资本要求）四高（高精准、高效益、高信任与高融合）"，形成价值共创系统。

二是平台对促消费的价值。

在经济下行压力加大的情况下，平台上的消费热度不减，显示出其拉动消费的巨大潜能和韧性。尤其是对服务消费而言，平台具有发挥作用的更大空间。服务消费效率的提高不单纯是流量运营，更是企业从生产到经营，从平台、服务商到商家、消费者的全流程高效耦合，在提高消费意愿的同时，不断挖掘更多的服务消费潜力与空间。平台促消费的链接效应：平台降低搜索成本和简化比较购物，形成无限的"虚拟库存"，极大地扩大了供应商和消费者的链接范围和效率，从而扩大了消费。信任效应：平台通过建立信任机制提升消费意愿，平台企业通过对信息质量、渠道质量、产品质量等多个方面进行严格的把控，将可信产品信息整合集聚，提高消费者对平台质量管控的信任度，从而减少消费者的感知风险和机会成本，有利于创造真实、准确、可靠和全面的可信消费环境。赋能效应：通过供需精准匹配与提高服务效率以促进消费，通过用户运营挖掘消费潜力，提高营销效率，更好地满足消费者需求，从而促进消费增长。创新效应：通过生态协同创造新的消费场景，通过减少营销费用、降低消费成本，提升消费欲望。例如，基于微观数据的实证研究显示，外卖开通对餐厅的总销售额和外卖销售额具有显著的正向影响，对堂食销售额也有细微的提升作用；外卖开通对餐厅的总订单量、外卖订单量和堂食订单量均存在显著的提升作用。

三是平台对创造就业的价值。

2022年中央经济工作会议强调，"支持平台企业在创造就业中大显身手"。互联网平台作为新经济形态的主要参与者和新就业形态的主要承载者，不仅聚合了数据、技术和资源，也连接着千万中小微企业和几亿劳动者，具备强大的就业吸纳能力，作为就业"蓄水池"和"稳定器"的作用日益显现。平台对就业的价值不只体现在数量方面，平台具有"连接器"的功能，在其自身吸纳就业的基础上，通过平台技术和资源降低就业市场的交易成本和交易风险、减少工作搜寻成本，能够起到倍增的放大作用，从而创造了更多的社会经济价值。通过研究可以发现，平台可从四方面促进就业：平台增加直接就业岗位；平台带来引致就业；平台提升就业效率；平台还发挥其优势，助力重点和特殊群体就业。

本书还对平台经济发展过程中可能存在的风险进行了分析，并提出了相应的对策建议。

关键词：平台；社会经济价值；服务业数字化；服务消费；就业

Abstract: The 2022 Central Economic Work Conference pointed out "support platform enterprises to demonstrate their skills in leading development, creating employment, and international competition". The 2023 Government Work Report pointed out "promoting the healthy and sustainable development of platform economy, playing its role in driving employment and entrepreneurship, expanding consumer markets, and innovating production models". This shows the important value of central recognition platform enterprises in economic resource allocation, consumption promotion, supply and demand interaction, transaction connection, employment creation, transaction cost reduction, etc. On the other hand, the overall efficiency improvement brought by the platform for the social economy has not been fully transformed into profits for the platform enterprises. Most of its benefits have been fed back to society and driven the progress of the social economy, which is the primary connotation of the social and economic value of the platform.

This study aims to establish a theoretical analysis framework for platforms' social and economic value. Firstly, the platform aggregates various technological and commercial resources, constructs an industrial ecosystem, and especially gathers a large number of service providers to provide more personalized digital solutions, thereby promoting enterprise digitization on the supply side and promoting deep integration of the digital economy and the real economy; Secondly, based on digitalization on the supply side, the platform improves transaction matching, aggregates supply resources and promotes and expands consumption; Thirdly, the platform expands employment by improving enterprise efficiency and promoting consumption, adding new professions and positions. Moreover, the platform can also play a role in increasing transparency of employment information and improving matching efficiency, thereby promoting employment. This research starts from the value of the platform in promoting the digitalization of the service industry, stabilizing employment and promoting consumption and combines the practice of Alipay to conduct a more in-depth analysis of the social and economic value of the platform.

First, the platform's value in promoting the "digitalization of Chinese style service industry".

Chinese service enterprises generally have problems such as small scale, weak profitability, weak data awareness, and poor digital foundation. Digital transformation can not copy the foreign ready-made model but needs to give more play to the role of platforms, service providers, and users according to the characteristics of Chinese enterprises, so as to realize the value co-creation of all parties and form a service provider (S) and platform (P) with the end user (C) as the centre, Develop personalized digital tools or solutions for businesses (B), and implement a Chinese style digital service industry model of "omnichannel operation, full chain operation, and full ecological openness", namely the B – S – P – C model.

In this mode, the platform plays a fundamental role. It cooperates with service providers to provide them with "easy-to-use and inexpensive" digital business solutions to realize the "three low (low technology threshold, low cost, low human capital requirements) and four high (high precision, high efficiency, high trust and high integration)" of service industry digitization, and form a value co-creation system.

The second is the value of the platform to promote consumption.

Under the increasing pressure of the economic downturn, the consumption on the platform remains unabated, showing its great potential and resilience in stimulating consumption. Especially for service consumption, the platform has greater room to play a role. Improving service consumption efficiency is not simply about traffic operation but also the efficient coupling of the whole process from production to function, from platform and service providers to merchants and consumers. While enhancing consumption willingness, it continuously explores more potential and space for service consumption. The linked effect of the platform to promote consumption: the platform reduces search costs and simplifies comparison shopping, forming an infinite "virtual inventory", greatly expanding the scope and efficiency of the link between suppliers and consumers, thus expanding consumption. Trust effect: the platform enhances consumption willingness by establishing trust mechanisms. Platform enterprises strictly control information quality, channel quality, product quality, and other aspects, integrate and gather credible product information, and improve consumers' trust in platform quality control, thereby reducing consumers' perceived risks and opportunity costs, which is conducive to creating a credible consumption environment with authenticity, accuracy, reliability, and comprehensiveness. Empowerment effect: promoting consumption through accurate matching of supply and demand, improving service efficiency, and mining consumption potential through user operation to improve marketing efficiency and better meet consumer needs, thus promoting consumption growth. Innovation effect: creating new consumption scenarios through ecological collaboration, reducing marketing expenses and consumption costs, and enhancing consumption desire. For example, empirical research based on micro-data shows that the opening of take-out restaurants has a significant positive impact on the total and take-out sales volume of restaurants and has a slight improvement effect on the sales volume of dine-in. The opening of take-out significantly positively impacts the total order volume, take-out order volume, and dine-in order volume of restaurants.

The third is the value of the platform to job creation.

The 2022 Central Economic Work Conference emphasized that "platform enterprises will be supported to play a role in job creation". As the leading participant in the new economic form and the primary bearer of the new employment form, the Internet platform not only aggregates data, technology and resources but also connects tens of millions of small, medium and micro enterprises and hundreds of millions of workers, and has a strong employment absorption capacity. Its role as a "reservoir" and "stabilizer" of employment is becoming increasingly apparent. The platform's value to employment is more than just reflected in the quantity. The platform has the function of a connector, based on its employment, through the platform technology and resources to reduce the transaction costs and transaction risks of the job market, reduce the cost of job search, and can play a multiplicative amplification role, thereby creating more social and economic value. Through the research, the platform can promote employment in four ways: the platform increases direct employment. Media leads to employment. The platform improves employment efficiency. The platform also leverages its strengths to help vital and special groups find employment.

We also analyze the risks existing in platform economy and put forward some policy recommendations.

Key words: platform; socio-economic value; digitalization of service industry; service consumption; employment

目 录

一 平台社会经济价值的概念与理论 ……………………（1）
  （一）互联网平台社会经济价值的概念 ……………（1）
  （二）互联网平台社会经济价值的理论 ……………（4）
  （三）互联网平台社会经济价值的分析框架 ………（11）

二 互联网平台推动"中国式服务业数字化"
    ——理论框架及支付宝的实践 ……………………（14）
  （一）"中国式服务业数字化"的背景和理论
       架构 …………………………………………（14）
  （二）现有服务业数字化转型方案及政策存在的
       问题 …………………………………………（26）
  （三）平台推动"中国式服务业数字化"：
       分析框架 ……………………………………（31）
  （四）平台促进"中国式服务业数字化"提升社会
       经济价值的机制 ……………………………（39）
  （五）"中国式服务业数字化"的实证研究：
       以支付宝为例 ………………………………（48）
  （六）更好发挥平台在"中国式服务业数字化"中的
       作用的政策建议 ……………………………（83）

三 互联网平台的消费效应研究 ……………………（85）
  （一）新发展格局下消费的主要特征 ……………………（86）
  （二）互联网平台促进消费的理论机制 …………………（97）
  （三）互联网平台促进消费的行业分析：外卖
       行业 ……………………………………………………（106）
  （四）互联网平台促进消费的实证研究：以支付宝
       为例 ……………………………………………………（111）
  （五）提高互联网平台消费促进作用的相关政策
       建议 ……………………………………………………（125）

四 互联网平台的就业效应研究 ……………………（128）
  （一）互联网平台促进就业的理论 ………………………（129）
  （二）互联网平台促进就业的机制 ………………………（133）
  （三）互联网平台促进就业的实证研究：以支付宝
       平台为例 ………………………………………………（144）
  （四）增强互联网平台促进就业的效果的政策
       建议 ……………………………………………………（152）

五 防范平台风险，更好发挥平台社会经济价值 ………（155）
  （一）正确认识平台经济发展中存在的风险 …………（155）
  （二）应对平台经济发展风险，发挥平台社会经济
       价值的对策建议 ………………………………………（165）

参考文献 ……………………………………………………（170）

一　平台社会经济价值的概念与理论

在数字经济全面渗透到社会经济生活各个方面的同时，平台已成为数字经济发展的重要载体。平台作为一种新的社会经济组织形式，聚合了各类技术和商业资源，利用并创造更大的、可扩展的用户和资源网络，形成了包括使用者、生产者、销售者和专业服务提供商在内的整个生态系统。平台上汇聚了大量多边用户，为这些用户之间的连接和交易提供了基础，降低了交易成本和沟通成本。平台利用其技术、数据、流量等优势，能够为平台上的商家、服务商等赋能，从而推动社会经济效率提升。在这个过程中，平台创造了比其所获得的利润更大的价值，这就是平台的社会经济价值。

（一）互联网平台社会经济价值的概念

随着数字技术向社会经济生活的全面渗透，数字经济的快速发展带来了平台经济的兴起。按照 Ahmad Asadullah 等的说法[1]，"平台正在吞噬这个世界"。Tarleton Gillespie 在《重温平台隐喻》中写道[2]，过去几年，我们见证了一场"平台革命"

---

[1] Ahmad Asadullah et al., "Digital Platforms: A Review and Future Directions (2018)", PACIS 2018 Proceedings, https://aisel.aisnet.org/pacis2018/248.

[2] "The Platform Metaphor", Revisited, 24 August, 2017, Digital Society Blog, https://www.hiig.de/en/the-platform-metaphor-revisited/.

(platform revolution),见证了由"平台战略"(platform strategy)驱动的"平台资本主义"(platform capitalism),以及有可能出现的"平台合作主义"(platform cooperativism),从而推动向"平台社会"(platform society)①转型。

平台作为一种新的组织形式,聚合了各类技术和商业资源,利用并创造更大的、可扩展的用户和资源网络,形成了包括使用者、生产者、销售者和专业服务提供商在内的整个生态系统。在本质上,它是一种生态内各个主体价值共创的模式,将两个或者更多相互独立的团体以共赢的方式连通起来,使得生态内各个主体相互之间的价值交易更为便利,从而降低了社会交易成本,提高了社会运行效率。威廉·诺德豪斯(William Nordhaus)估计②,96%的技术收益流向了消费者,而不是生产者。平台所带来的利益,同样大部分由消费者、平台商业用户、社会机构等获得。平台在发展过程中,其所带来的效率提升和交易成本节省的利益,除了给平台带来了经济效益,也给国家、社会和消费者带来了额外的益处,这就是平台的社会经济价值。

近年来,平台的社会经济价值受到了广泛关注。牛津经济智库(Oxford Economics)在2022年发布了关于YouTube等平台社会经济影响的多份报告。③ 从总体上看,牛津经济智库认为,平台的社会经济影响可以从直接、间接(供应链)和诱导(溢出)等方面来考虑。而YouTube这类平台,还会带来便利创业、

---

① José van Dijck, Thomas Poell, Martijn de Waal, *The Platform Society: Public Values in a Connective World*, New York: Oxford University Press, 2018.

② W. Nordhaus, "Two Centuries of Productivity Growth in Computing", *The Journal of Economic History*, Vol. 67, No. 1, 2007, pp. 128–159.

③ "From Opportunity to Impact: Assessing the Economic, Societal, and Cultural Benefits of YouTube in the Netherlands", 20 April, 2022, Oxford Economics, https://www.oxfordeconomics.com/resource/youtube-netherlands/.

推动文化传承等诸多方面的额外益处,具有丰富的社会、文化价值。例如,牛津经济智库在分析 YouTube 对欧盟的社会经济影响时,其报告的标题就是"Assessing the Economic, Societal, and Cultural Benefits of YouTube in the EU"。[①] Erik Brynjolfsson 等则提出了 GDP-B 方法[②],用于衡量平台企业所提供的低价或者免费服务给消费者带来的额外福利,也就是说将新技术带来的福利效应进行量化计算。他们的计算结果表明,如果将 Facebook 的福利收益包括在内,美国 2004—2017 年的 GDP-B 增长率将增加 0.05—0.11 个百分点。咨询公司 Oxera 则认为[③],平台产生的价值远远超过其作为中介本身提供的价值,具有额外的社会经济效应,主要体现在以下几个方面。一是聚合价值。平台通过汇聚大量的生产者和消费者等多边用户,降低了交易成本,提高了质量和各方之间的信任度。二是创新价值。平台生态系统的持续演进,促进生态系统内部和生态系统之间的创新和动态竞争,从而降低平台生态参与者的创新成本,促进知识的快速扩散。正是因为平台具有社会经济价值,A. Bailin Rivares 等的研究进一步发现,平台对全社会经济增长具有重要意义。[④] 2011—2017 年,平台发展水平不同的国家,其全要素生

[①] "Assessing the Economic, Societal, and Cultural Benefits of YouTube in the EU", 8 December, 2021, Oxford Economics, https://www.oxfordeconomics.com/resource/youtube-eu/.

[②] Erik Brynjolfsson et al., "GDP-B: Accounting for the Value of New and Free Goods in the Digital Economy", March 2019, National Bureau of Economic Research, https://www.nber.org/papers/w25695.

[③] "How Platforms Create Value for Their Users: Implications for the Digital Markets Act", Oxera, 12 May, 2021, https://www.oxera.com/insights/reports/how-platforms-create-value/.

[④] A. Bailin Rivares et al., "Like It or Not? The Impact of Online Platforms on the Productivity of Incumbent Service Providers", OECD Publishing, Paris, 2019.

产率增长有着显著差异。在平台开发水平较高的国家,服务商的全要素生产率增长为2.7%,而开发水平较低的国家仅为1%。

综合上述研究成果,本书认为,平台社会经济价值是平台在其发展与运营过程中,由于其商业模式的独特性,将扩大生态系统内各方的选择空间,提升信息匹配效率和优化信用体系,降低交易成本,从而给社会福利带来提升。平台社会经济价值在本质上是一种经济外部性、消费者剩余和生产者剩余,这使其与平台的"生态社会环境"(ESG)责任有着根本上的区别。ESG是平台企业的一种有意识的行动,有着明确的目标和路径。而平台的社会经济价值则是一种由基本业务延伸出来的价值,平台具有交易连接器的功能,使其存在能够提升社会和经济的运行效率,带来更多的生产者剩余和消费者剩余。这些都难以体现在平台企业的利润之中,或作为平台企业所创造的社会经济价值。

(二)互联网平台社会经济价值的理论

1. 互联网平台社会经济价值的一般理论

平台社会经济价值源于平台的特性,平台提升了交易效率,更好地发挥了规模经济和范围经济的优势。通过双边网络效应,形成了价值共创生态系统,并使数据、算法等成为非常重要的生产要素,拓展了社会生产可能性边界,这使平台创造了大量的价值。而平台所创造的价值,并没有完全转化成平台的经济利润,大部分体现在社会福利的提升,这使平台具有了社会经济价值。

平台作为双边或者多边市场,提升了交易效率。平台上汇聚了双边或多边用户,不同"边"的用户之间脱离平台单独达成可执行协议的交易成本非常高,平台降低了两个不同经济主体之间的交易成本,使大规模、普遍化、点对点的交易成为可能。一般将平台分为两类,一类是聚合平台(aggregator platforms),另一类是颠覆平台(disruptor platforms)。① 聚合平台通过聚合现有需求与供给,从而提高交易的匹配效率。这种平台不但能够降低交易成本,而且能够利用评价、评级等机制,优化信用体系,引导更多的资源向优质供应商集聚,从而使生产效率更高、服务质量更好的企业获得更快的增长和更多的市场份额。这种资源的重新配置效应,有利于社会整体生产力的提升。实证研究表明,这种聚合平台通过推动企业数字化转型,从而提升了企业的生产率。颠覆平台是指通过平台聚合新的供应商,形成新的供应体制,如打车平台优步、民宿平台爱彼迎,这些平台具有全新的商业模式,给原有的市场供应体系带来了颠覆,但对现有的供应商的生产率提升并不明显,而可能会影响现有供应商的价格、就业和工资。② 例如,支付宝平台是一个典型的聚合平台,在平台上汇聚了10亿级的消费者,数百万的供应商,以及数万家为供应商提供服务的专业服务方。第三方支付系统和买家保护计划增强了消费信心,依托芝麻信用建立了非常高效的信任体系,可以使中小商家快速积累信用资本,从而推动了生活服务等交易效率的提升,促进了社会生产力的发展。

平台能够更好地发挥规模经济和范围经济的优势。平台能够汇聚大量的用户,并在更大范围内匹配供给和需求,从而提高企业的产能利用率。由于大部分服务型企业的产能都无法储存,匹配效率的提升对生产率的提升具有重要意义。数据在平台效率提升中占据着重要的地位,而交易的范围越广、用户的数据样本越大、数据越详细、企业的分析技术越强,企业便越能从

---

① "An Introduction to Online Platforms and Their Role in the Digital Transformation", OECD, 2018.

② A. Bailin Rivares et al., "Like It or Not? The Impact of Online Platforms on the Productivity of Incumbent Service Providers", OECD Publishing, Paris, 2019.

大数据中获取商业价值。但是，无论是数据获取还是数据分析，都需要大量的前期投入。一方面，平台本身汇聚了大量的数据，并能够提供关于数据的洞察；另一方面，平台上汇聚了大量数据供应商和数据分析服务商，能够为平台生态内的经营者提供更丰富全面的数据分析服务。对数据服务商而言，由于数据的使用具有非竞争性，平台上汇聚了大量用户，使其能够在更大范围内将数据复用。这大幅度地降低了数据应用的成本，并在更大的范围内提高生产率。对支付宝这类平台而言，平台上汇聚了大量的具有明确交易心智的终端用户，以及许多具有数据开发和运营经验的服务商，对发挥供给和用户的规模效应具有明显的作用。

平台具有双边网络效应，其一边客户的数量和价值取决于另一边客户的数量和价值。对商家而言，平台上的终端用户越多，其就越可能获得订单；对终端用户而言，平台上的商业用户数量越多，就越可能获得便捷的服务。尤其是对于需要线下线上联动才能完成交易的生活服务领域而言，平台的双边网络效应更为重要，能够创造积极的正反馈循环。跨边网络效应的存在产生了 B. Caillaud 和 B. Jullien 所说的"鸡与蛋"问题（"chicken & egg" problem）：平台为吸引买方需要有足够的已注册的卖方基础，但卖方只有预期会有大量的买方加入才会在该平台注册。[①] 因为平台存在着一个最小临界规模。在平台建立之初，用户数量达不到最小临界规模，平台很难获得竞争优势。支付宝平台上有着庞大的用户规模，交易属性明显，能够帮助中小商家以非常低的成本有效地接触其潜在客户，获得更为广泛的用户来源，并跨越最小临界规模。而用户也能够通过支付宝平台，利用基于位置的服务，以及相应的评价系统，快捷地

---

① B. Caillaud, B. Jullien, "Chicken & Egg: Competition among Intermediation Service Providers", *RAND Journal of Economics*, Vol. 34, No. 2, 2003, pp. 309–328.

获得适当的服务，从而很容易突破最小临界规模限制，实现双边网络效应。

　　平台与服务商、商家、用户形成价值共创生态，相互促进，实现正反馈循环。平台加大了价值链中各个主体的协同度，使服务商、商家与消费者之间具有更多的信息沟通机制，并缩短了商家到消费者的渠道流程和链条，减少了与交易、衡量和维护信任等活动相关的摩擦成本，从而增强了整个价值链的协同，减少了交易成本以及全流程中的浪费，提高了效率，实现了各个环节的价值共创。其原理是生态内各方都可以从较低的搜索和交易成本中获得不断增长的收益。与单纯低价带来的福利收益相比，增加匹配度、减少搜寻成本、降低产能浪费、快速满足场景需求、获得多样化的互补服务等为消费者和生产者创造的总福利收益，显著高于单独估计的消费者福利收益。用户体验持续改善，消费者剩余的增加，都将使消费者在平台上驻留时间延长，增加平台使用的频率；服务产能的高效利用，平台提供的正向和负向激励，都会进一步刺激商家以先进服务推动消费者体验和价值升级，提高其供给效率和质量，并进一步吸引具有互补性的商家；平台上商家的增加，平台用户的积累，将吸引一大批服务商专门为商家提供消费者分析、业务拓展、服务优化等互补性功能，推动企业降本增效。这样，平台就形成了一个基于价值共创的正反馈循环。平台建立的生态系统，是一种新的结构，其结构模式并非集中控制，而是通过相关系统主体之间的交互实现平台生态系统价值最大化。因此，平台生态系统内汇聚的相关实体越多，对中小企业数字化可能越有利。例如，在支付宝平台，平台上有10亿级的用户，使商家能够快速匹配到大量用户。为了进一步提高匹配精准度，优化业务，平台上汇聚了数万家专业服务商，为商家提供服务。平台的生态系统将为商家的发展提供源源不断的资源，包括硬件、设备、软件、应用程序、网站和各种互补服务，推动商家数字化转型、实现降本增效。

平台推动数据、算法等新型生产要素更好地发挥作用，从而加快促进实体经济转型升级、实现降本增效、促进消费增长、增加就业。数字经济使数据成为核心生产要素，平台通过其产业生态，能够汇聚更多同行业的数据、上下游产业链的数据、海量用户的数据等，将这些数据与单一企业的数据相匹配，从中获得相应的洞察。另外，数据要素发挥作用的过程中，需要大量互补性资源和互补性技术。既有通用技术，也有专用技术。平台通过汇聚大量的服务商，能够提供大量与数据要素应用相关的大数据、人工智能、区块链等互补性技术，从而更好地挖掘数据要素的价值。平台上具有大量相同的用户，这些用户在数字化技术应用过程中的经验和教训，能够减少后采用者的成本，从而形成两种平台协同效应（即与平台所有者的协同效应，以及与其他互补体的协同效应）。例如，在钉钉平台，商家既能够从平台获得通用技术，也能够从平台上的各类服务商中获得专用技术服务，使其在供需匹配、精准营销等方面有着更大的优势，从而将数据、算法等要素在降本增效的作用中更好地发挥出来。

2. 互联网平台提供准公共服务带来社会经济价值

平台上有大量用户，通过免费或者低价方式提供民生福利相关的服务，能够产生巨大的社会经济价值。这是支付宝这类平台与纯交易或纯娱乐平台相区别的特殊性。例如，对于支付宝这类平台而言，平台从提供支付服务开始，通过开放平台战略，不断引入数字金融、政务民生、本地生活等各领域服务方，为居民提供便捷的数字生活服务，聚合了大量的政务服务、公共服务和准公共服务，以及依托平台的流量、信用能力等所产生的公益服务，从生活缴费、社保公积金到电子结婚证，都可以在支付宝平台上办理。目前，数字民生服务平台服务家庭数超2亿，电子账单数三年复合增长率达63.0%，不但便利了居民生活，也节省了大量社会成本，带来了重要的社会经济价值。

在政务服务方面，各省区市及相关政府部门大部分都在支付宝平台开通独立运营的私域小程序，而支付宝也发挥平台能力优势，将各个政务小程序的优质服务，如公积金、医疗、环保、税务、民政、教育、水电燃、交通出行等聚合进平台"市民中心"应用中，并通过公域智能算法向用户精准推送服务，用户可以通过市民中心进入各个民生政务小程序，用户在享受数字政务服务的同时，平台也帮助提升各个政务小程序的曝光度。助力政府将更多线下服务搬上手机，做到从"人找服务"到"服务找人"，最终让更多服务成为无接触服务，让用户在家里能一键办理，享受便利的市民服务。2021年支付宝和20多个县域政府深度合作打造特色县域乡村振兴服务平台，依托支付宝实现村民服务"网上办"，助力城乡公共服务普惠均等化，让县域老百姓享受到数字化发展红利。

以"浙里办"为例，在支付宝平台实现2500+服务同源发布，支付宝渠道月服务用户1900万+，在实践公私域融合的过程中，借助权威专区算法推荐，平台数字政务使用率大幅度提升，"浙里办"小程序CTR（点击通过率）提升超过160%，并实现办件进度及时提醒，做到让服务来找人。同时，平台日常持续提供小程序运营报告、服务质量月刊等分析报告，并向政府机构开放运营数字可视化和一件事主题搭建等功能，不断助力其自运营能力的提升。又如，赣服通的"数字办事员小赣事"，自2022年11月上线以来，为51万名市民提供咨询服务，办理事件超5万次。老百姓足不出户一键问询，省下了来回路程加上排队至少2小时的时间。仅一个月，一网通办小程序就为老百姓节省了至少595万小时的时间。

平台助力绿色生活，带来积极的生态效应，创造了社会价值。支付宝积极推广公交地铁、共享出行在内的绿色出行，已覆盖1300多个城市（含县城），低碳出行累计减少碳排放量自2019年以来复合增长率接近40%。同时，平台还利用数据和技术等方面的能力，累计与超70个城市合作智慧公交，通过开展智能排班、线网优化、定制班线等数智化业务实践，支撑基于数据驱动的业务流程变革及服务模式创新，帮助公交实现里程及工时平均降本提效10%，在提升企业运营效率及构建品质出行服务的同时减少出行能耗，为行业带来可持续增长的活力。以东莞巴士为例，一年下来，35条线路，车辆数减少53台，月行驶里程减少33.4万千米，月工时减少2.7万小时。

平台还通过数字普惠服务，助力特殊群体共享更多数字化红利。女性群体、老年群体、农业群体以及特殊群体等在数字化过程中可能面临着数字鸿沟。支付宝围绕"用数字技术帮助女性获得平等发展机会"，先后开展了"加油木兰—关注贫困女性保障"项目、"数字木兰"就业培训计划、"十年十亿"中国女足支持计划、"追风计划"等多个项目。截至2021年年底，"加油木兰"项目累计筹款金额超1.6亿元，项目覆盖14个省的41个县，共计为308万人次的女性提供了教育和健康保障。截至2022年6月，"数字木兰"就业培训计划已在陕西、山西、贵州、四川、河北、青海、宁夏等地建立了12个县域数字就业中心，累计培训受益对象4286人，累计就业超3000人。

面对老年用户诸如视觉受限、理解困难以及营销打扰等问题和诉求，支付宝在2020年启动、2021年上线了"长辈模式"，帮助老年人看得清、用得懂、玩得转。截至2021年年底，已有271万名老年用户切换并使用支付宝"长辈模式"。此外，支付宝针对65岁以上老年人开通特殊客服——"暖洋洋专线"，开放一键呼入直连人工的快速通道，并陆续通过服务权益定制、虚拟人伴随引导、助老公益等数字智能服务超52万名老年人。

(三) 互联网平台社会经济价值的分析框架

数字经济产生了以生产模块化、共同进化和决策复杂性为标志的商业环境，平台生态系统的建立，减少了与交易、衡量和维护信任等活动相关的摩擦成本。平台可以汇聚平台与消费者或其他用户接触的大量数据点，在几毫秒内将它们转化为可供买卖双方预测的、可操作的机会，从而更快更适当地满足消费者的需求，从而促进消费。类似家政等需要强信任机制的需求，往往会因为信用机制的不完善而无法得到满足，而平台提供了信任机制解决方案，也使这些消费潜力释放出来，从而有效地促进了需求。从总体上看，2023年政府工作报告指出，平台在带动就业创业、拓展消费市场、创新生产模式等方面具有重要价值。

平台在推动服务企业数字化转型、创新生产模式方面具有重要的价值。截至2022年12月，中国共有企业数量5200多万户，其中服务业占比为77%。共有个体工商户超过1.1亿，服务业占比超过80%。然而，无论是在政策支持，还是在实际的调研分析方面，企业数字化转型基本都是以制造业为蓝本来进行的，对服务企业数字化转型关注相对不够。从宏观视角来看，在服务业发展过程中，因为服务业本身的生产率提升较慢，成本持续增加，而其占GDP的比重持续上升，会导致国民经济整体增长速度与生产率的下降，这被称为"鲍莫尔成本病"。数字化发展有利于缓解服务业发展过程中的"鲍莫尔成本病"，推动服务业生产率提升，从而使服务业健康快速发展。服务业数字化转型，一般是由数字化转型服务商提供解决方案，并将方案落地到中小企业实践。在这个过程中，一些大型数字化转型服务商在积累了大量经验和客户基础上，将自身能力开放，从而开始平台化。例如，支付宝以平台化的方式提供数字化转型服务，从而形成了"商家（B）—服务商（S）—平台（P）—客户（C）"的数字化转型架构，产生了不同于制造业领域的新平台和新服务商。平台之新在于，平台不但充当连接功能，将商家（需求方）与服务商（供应方）连接起来，更重要的是，平台聚合了大量C端用户，使商家和服务商能够更明确地看到数字化转型的成本和收益。服务商之新在于，服务商不仅为中小企业提供门店数字化改造，还直接为中小企业拓展用户、精细化运营用户资产，从而将消费互联网与产业互联网融合起来。新平台和新服务商，其所产生的社会价值超过了其自身的经济利益，从而有了更多的社会经济价值。

平台汇聚了大量服务商，二者协同，可以利用很强的技术和分析能力，将有关消费者即时愿望和行为的不同信息转化为对消费者更广泛需求的洞察力。为了使商家能够快速满足用户的需求，平台协同服务商还为商家提供全方位的内部流程数字化改造，从而实现降本增效。以钉钉为例，截至2019年6月30日，钉钉开放平台入驻开发者超过20万个，企业级应用服务数量已超过30万个，开发者服务的企业组织数超过500万家，覆盖各个行业，为这些行业的数字化提供了各种方案。

平台聚合了大量消费者和商家，并提供了更高效的交易机制，这有利于促进消费。在平台上，消费者能够更低成本更快捷地找到更适宜的服务和产品，从而扩大了消费。平台能够利用其技术能力和数据能力，更精准高效地与政府部门、商家协同发放消费券、优惠券、红包码等，从而有力地促进消费。

平台推动商家降本增效，使商家扩大规模，增加就业。数字化的深入，使商家、平台上都增加了大量新的就业机会，包括商家将增加与数字化相关的新岗位、平台上服务商的就业岗位等。平台聚合了大量岗位需求和求职者，拥有大量关于岗位和求职者的信息，通过算法等能够实现快速匹配，平台所提供的信用机制,更好地解决了就业市场中的供需信息不对称问题,从而实现了更高效的匹配,有力地促进了就业。

因此,本书重点从促转型、促消费、促就业三个视角来深入研究平台的社会经济价值。

二 互联网平台推动"中国式服务业数字化"

——理论框架及支付宝的实践

党的二十大报告指出:"加快发展数字经济,促进数字经济和实体经济深度融合。"数字经济和实体经济融合发展,在很大程度上就是数字企业利用数字技术,推动实体经济企业数字化转型。服务业数字化具有特殊性,尚未形成一个普适的模式,更不能完全照搬国外的既有模式。因此,要根据中国服务业发展规律和企业现状,发挥平台的作用,打造"中国式服务业数字化"模式。在服务经济已成为国民经济增长主动力的背景下,平台推动服务业数字化转型具有重要的社会经济价值。

(一)"中国式服务业数字化"的背景和理论架构

1. 服务业已成为国民经济的主力

服务业发展得到了国家的高度重视。国家"十四五"规划明确提出,加快发展现代服务业,推动现代服务业同先进制造业、现代农业深度融合,推进服务业数字化。党的二十大报告指出:"构建优质高效的服务业新体系,推动现代服务业同先进制造业、现代农业深度融合。"近年来,中国服务业快速发展,占比持续上升,成为支撑经济增长的重要动力。2013年中国服务业增加值占GDP比重达到46.1%,首次超过工业成为第一大产业。此后服务业占比持续提升，2015年这一数字首次超过50%。2015—2019年，中国服务业对经济增长的贡献接近60%，位居第一；2022年中国服务业增加值达到638698亿元，占GDP的比重为52.8%（见表2-1）。2015—2021年，服务业就业人员累计增加2994万人，而在此期间，第一产业和第二产业的就业人数都呈下降趋势，服务业吸纳了从第一产业和第二产业转移出来的劳动力（见表2-2）。而且，在数字化能力支撑下，服务创新取得了大幅进展，服务业发展质量显著提升。中国社会科学院财经战略研究院预测，到2025年服务业增加值占GDP比重、服务业从业人数占全部就业人数比重将分别达到59.05%、54.96%。

表2-1　　　　2015—2022年服务业增加值及占比　　（单位：亿元,%）

年份	第一产业增加值	第二产业增加值	服务业增加值	第一产业占GDP比重	第二产业占GDP比重	服务业增加值占GDP比重
2015	57774.6	281338.9	349744.7	8.4	40.8	50.8
2016	60139.2	295427.8	390828.1	8.1	39.6	52.4
2017	62099.5	331580.5	438355.9	7.5	39.9	52.7
2018	64745.2	364835.2	489700.8	7	39.7	53.3
2019	70474	380671	535371	7.1	38.6	54.3
2020	77754	384255	553977	7.7	37.8	54.5
2021	83086	450904	609680	7.2	39.3	53.5
2022	88345	483164	638698	7.3	39.9	52.8

资料来源：根据对应年份的《中国统计年鉴》整理。

表 2-2　　2015—2021 年服务业就业人数及其占比　　（单位：万人，%）

年份	就业总人数	分产业就业人数			各产业就业所占比例		
		第一产业	第二产业	第三产业	第一产业	第二产业	第三产业
2015	77451	21919	22693	32839	28.3	29.3	42.4
2016	77603	21496	22350	33757	27.7	28.8	43.5
2017	77640	20944	21824	34872	27.0	28.1	44.9
2018	77586	20258	21391	35938	26.1	27.6	46.3
2019	77471	19445	21304	36721	25.1	27.5	47.4
2020	75064	17715	21543	35806	23.6	28.7	47.7
2021	74652	17095	21724	35833	22.9	29.1	48.0
2022	73351	17678	21125	34548	24.1	28.8	47.1
2015—2021年增长情况	-2799	-4824	-969	2994	-5.4	-0.2	5.6

资料来源：根据国家统计局公开数据整理。

服务消费在快速增长。2022 年，中国经济总量达到 121 万亿元，人均 GDP 达到 85698 元，比 2021 年实际增长 3.0%。按年平均汇率折算，人均 GDP 达到 12741 美元，连续两年保持在 1.1 万美元以上。居民的消费模式日益接近发达国家，服务消费占比越来越高。2019 年，中国服务消费占总消费支出的比重达到 45.9%。2015—2019 年，人均服务消费支出从 6442 元增加到 9896 元，增加了 3454 元，增长了 54%。其中，居民医疗健康、文教娱乐消费分别累计增长 63% 和 46%。而同期中国居民消费性支出从 15712 元增长到 21559 元，仅增长 37.2%。服务消费增量占全部消费增量的比重达到 59%。中国社会科学院财经战略研究院预测，到 2025 年，中国服务消费占居民消费支出的比重将达到 50.40%。

因此，推动服务业数字化，是国民经济数字化的一个重要方面。

2. 服务业数字化是服务业高质量发展的必然趋势

服务业发展的一个重要方向是数字化，这不但能够有利地提升服务业的效率，克服服务业发展过程中的"成本病"问题，也能够更好地满足人民群众对美好生活的追求。《"十四五"数字经济发展规划》指出，数字化服务是满足人民美好生活需要的重要途径。数字化方式正有效打破时空阻隔，提高有限资源的普惠化水平，极大地方便群众生活，满足多样化的个性化需要。数字经济发展正在让广大群众享受到看得见、摸得着的实惠。

从发展现状来看，中国服务业的数字化水平是三大产业中最高的。根据中国信息通信研究院发布的《中国数字经济发展研究报告（2023）》，2022年，服务业数字经济比重为44.7%，高于全部经济（41.5%）、工业（24.0%）、农业（10.5%），但仍低于全球主要国家的平均水平。与发达国家相比有较大的差距，根据中国信息通信研究院发布的《全球数字经济白皮书（2022年）》，英国、德国、美国服务业的数字化渗透率高于60%。从中国服务业内部各个行业来看，其数字化水平差异非常大。保险、广播、电视、电影和影视录音制作的数字化率超过50%，而餐饮业的数字化率仅为6.4%。蚂蚁集团和北京大学连续7个季度对服务业的小微经营者生存状况进行调研发现，生活服务业经营者接入数字化的比例约为38.6%。从整体消费来看，2019年，服务消费额为188947亿元，服务消费的电商渗透率为11.15%，仅相当于实物商品电商渗透率（20.7%）的54%。这是服务业整体生产率较低的一个重要原因。

服务业种类繁多，既包括生产性服务业，也包括生活性服务业。与支付宝平台有着密切联系的主要是生活性服务业。生活性服务业是直接满足居民生活需求的服务行业，国家统计局发布的《生活性服务业统计分类（2019）》将生活性服务业定义为满足居民最终消费需求的服务活动,包含居民和家庭服务、居民出行服务、住宿餐饮服务等十二大领域。国家"十四五"规划提出:"以提升便利度和改善服务体验为导向,推动生活性服务业向高品质和多样化升级。"而生活性服务业发展的一个重要方向就是数字化转型。中国生活性服务业整体数字化率相对较低,家政、养老等服务行业的数字化率甚至低于5%(见图2-1)。

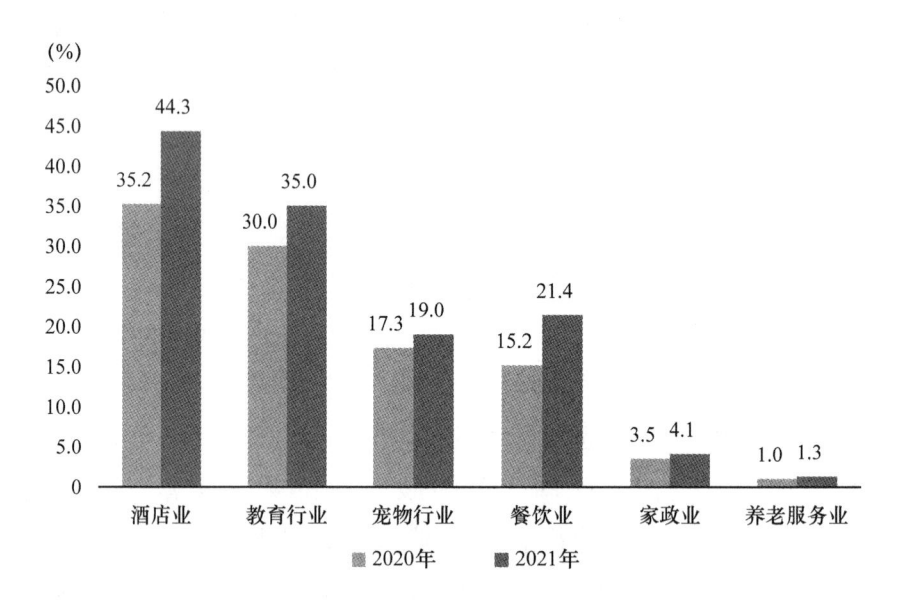

行业	2020年	2021年
酒店业	35.2	44.3
教育行业	30.0	35.0
宠物行业	17.3	19.0
餐饮业	15.2	21.4
家政业	3.5	4.1
养老服务业	1.0	1.3

图2-1 生活性服务业数字化率

资料来源:阿里本地生活新服务研究中心。

服务业本质上是一种体验型消费,这要求企业利用数字技术持续改善消费者体验。普华永道的一项研究发现,超过32%的客户在一次糟糕的体验后就停止与他们喜爱的品牌互动。Qualtrics在全球CX趋势报告中指出[①],不符合预期的体验每年给企业造成高达4.7万亿美元的损失。29%的消费者希望看到

---

① "Learn Customer Experience (CX) with Resources & Articles", Qualtrics, https://www.qualtrics.com/experience-management/customer/.

企业提供的在线资源得到重大改进，27%的消费者希望看到服务流程得到重大改进。

服务数字化转型要适应消费多元化的趋势。服务消费呈现出新阶段、新场景、新理念的特征，各种新场景激发消费活力，线上消费需求不断释放，与线下消费进一步融合，推动形成更多消费模式。消费群体更新迭代，中产阶层、"90后"逐步成为中国消费市场的主力军，"Z世代"个性化显著增强，圈层文化不断崛起，消费者开始追求便利化、品质化、个性化的服务消费，作为需求的力量推动服务业数字化转型。

生活服务业数字化转型能够拓展服务需求。数字技术构建线上业务渠道，打破了线上消费和线下消费的二元对立，线上线下全方位协同，减少了服务业的时空制约，从而扩大了服务的需求。例如，自营外卖拓展了餐饮业的服务半径，即时零售拓展了销售半径，满足了大量即时性服务消费需求，从而扩大了消费。数字化推动了多场景协同。通过创造新消费场景，使消费行为从品牌化向场景化转换。尤其是线下线上协同场景、社交场景等，对消费需求起到了很大的拓展作用。例如，基于数字化社交的各类兴趣圈层聚集和细分，促成了基于社交连接的消费，创造新需求。又如，数字化激发了潜在服务需求。数字技术知识、信息的免费、大范围分享，使得消费者认知水平、能力不断提升，客观上刺激了一些新的服务需求，如宠物消费等。数字化为服务消费的信任机制问题提供了一个可能的解决方案，推动了需要强信任机制的服务消费，如家政服务。数字化也有利于企业构建多渠道营销模式，实现多渠道的协同。

生活服务业数字化转型是中小微企业数字化转型的重要部分。生活服务业的一个重要特点是行业复杂，中小微企业数量多。中小微企业对国民经济发展具有重要价值。2018年，习近平总书记视察广州一家企业加速器园区时，提出了"中小企业能办大事"的重要论断；2022年，习近平总书记在致"全国专精特新中小企业发展大会"的贺信中表示，中小企业联系千家万户，是推动创新、促进就业、改善民生的重要力量；党的二十大报告明确指出，要"支持中小微企业发展"。从数量上看，2022年，中国小微企业和个体工商户在全国各类市场主体中的占比高达96.8%、整体数量近1.6亿户，对GDP的贡献占60%以上。从中小企业分布来看，服务业企业占据了绝对优势地位。据测算，服务业市场主体数量超过13000万。从企业主观上看，中小微企业对数字化越来越重视。OECD的调查表明，70%以上的中小企业关键决策者认为数字技术比疫情之前更重要。Facebook和世界银行的联合研究计划《商业未来调查》收集的数据显示，OECD国家中25%—62%的中小企业（带有Facebook页面）在2020年提高了业务流程的数字化程度。赛捷软件（Sage）对英国中小企业的调查表明，80%的中小企业认为数字化采用对于企业主导的复苏和创造就业至关重要。对中小微企业数字化转型而言，涉及其业务流程的再造，必须从"IT中心"向"数据和用户中心"转换，它需要重新定义业务流程，如何以更快的速度、更低的成本，通过利用技术和数据的力量，提供比以前更高质量的服务，从而提升服务品质和个性化、多样化服务能力。

生活服务业数字化转型是克服服务业"成本病"的重要途径。以鲍莫尔（W. J. Baumol）为代表的经济学家认为，在服务业发展过程中，因为服务业本身的生产率提升较慢，成本持续增加，而其占GDP的比重持续上升，这会导致国民经济整体增长速度与生产率的下降。造成这种情况的一个重要原因是，很多服务业以劳务产出的方式进行，需要提供者与消费者同时在现场完成，很难做到机械化、标准化、自动化。其生产效率提升缓慢，从而拖累整体经济的增长速度与生产率。从中国的实际情况来看，服务业总体生产率较低，与第二产业相比有一定的差距（见表2-3），需要通过数字化加快劳动生产率增长。

表2-3　　2015—2021年服务业与第二产业劳动生产率的比较

（单位：元/人）

年份	服务业劳动生产率	第二产业劳动生产率	服务业与第二产业劳动生产率之比	服务业与第二产业劳动生产率之差
2015	105408	123976	0.85	-18568
2016	113566	132182	0.86	-18616
2017	122457	151934	0.81	-29477
2018	130663	170555	0.77	-39892
2019	145483	178685	0.81	-33202
2020	154716	178367	0.87	-23651
2021	170145	207560	0.82	-37415
2022	184871	228716	0.81	-43845

资料来源：根据国家统计局公开数据整理。服务业劳动生产率＝服务业增加值/服务业就业人数，第二产业劳动生产率＝第二产业增加值/第二产业就业人数。

数字化能够推动服务业供应链、产业链各个环节的耦合更为高效，全链路数字化、在线化、智能化，提高服务者的效率，从而在某种程度上提高服务的效率。通过对消费端进行数字化改造，引导消费者形成线上消费、线上体验、线上支付，完成服务过程，而且是对服务的整个链路的数字化改造，包括店面的数字化改造，物流的数字化与精准化，上门服务的精准化，服务资源的智能化调配，到店服务的及时排队系统等，都以数据为支撑，形成一个精准而高效的系统，从而更好地保障社会基本生活，提升消费品质，重新定义城市生活。

服务业数字化转型提高了匹配效率，柔性扩大了服务的容量，改进了服务质量，改善了消费者体验。很多服务业的特点是需要面对面服务，这需要消费者到店体验。而消费者到店过程，又面临着排队等问题，影响服务体验。由于服务产品无法被"拥有"，无法被储存、带走或以后使用，因此服务能力一旦被闲置，将造成永久性浪费。通过数字化预约、门店智能化改造等，能够改善消费者体验。另外，生活服务有着天然的物理服务半径。数字化可以提高企业信息收集、处理、分析的效率和准确性，进而合理分配服务能力的时空布局，大大提高企业的生产经营效率。这既能减少服务过程对人工的依赖，又能提高服务容量的柔性化程度，可以更适应需求变化、更低成本地调整服务的容量。而餐饮外卖、生鲜电商、即时配送、预约服务等，极大地提升了城市居民的生活便利度。随着即时配送网络的不断完善，即时配送范围不断扩大，将进一步提升消费品质，改变城市空间布局。城市布局原有的矛盾是人群聚集会带来服务的便利，但人群聚集也给消费过程带来不好的体验。而本地生活服务全链路数字化，将解决这一核心矛盾，使城市布局模式得到改善。《促进包容的数字生活指数报告》指出，2021—2022年，数字生活服务供给指数上涨幅度达到89.6%，这说明了生活服务的数字化水平持续提升。

因此，生活服务业在广泛应用数字技术后，将发生巨大变化，克服原本生活服务发展中的固有问题，从而演进为"新服务"。

3. 平台对生活服务业数字化具有重要的支撑作用

生活服务业数字化过程中，平台将发挥重要作用。经济合作与发展组织（OECD）2021年发布的《中小企业数字化转型》（"The Digital Transformation of SMEs"）报告指出，在线平台是经济和社会数字化转型的核心，疫情使平台作用更为凸显，平台为中小企业数字化提供了重要的增长渠道。① 在疫情期间，中小企业通过平台开辟了新的销售和采购渠道，从而稳定了企业

---

① "The Digital Transformation of SMEs", 2021, OECD, https://read.oecd-ilibrary.org/industry-and-services/the-digital-transformation-of-smes_bdb9256a-en#page2.

的生产和经营。通过平台，中小企业可以减少信息不对称、增加客户/供应商基础和扩大市场、外包物流，从而降低运营成本，获得商业智能服务，产生规模经济（利用网络效应）和范围经济，提升其生产率。平台创造了中小企业与大企业竞争的环境，这有利于生产率的提升。研究表明，平台更发达的国家，全要素生产率的增长更快。[①] 而且，规模越小的企业，平台对其生产率的提升作用更大。在OECD国家，平台流量能够解释微型企业（少于10名员工）10%的劳动生产率增长，而在小型企业（10—49名员工）为7%。在一些平台利用率较高的行业，生产率增长得更快。平台的活力越足，其对生产率的影响就越大。更为重要的是，平台对生产率的提升效应，并不完全是通过减少劳动力实现的，而是通过扩大平台内经营企业的营业规模实现的。[②]

在生活性服务业领域，平台汇聚了大量的终端用户（消费者）、商家和服务商，推动这些主体之间高效连接与交互，消费互联网与产业互联网之间相互促进、相互渗透的正反馈循环正在形成，产业互联网与消费互联网持续融合演进（见表2-4）。

表2-4　　　　　　　　产业互联网的演进

阶段	核心点	运营模式	关键问题	平台作用
1.0	资讯为中心	信息撮合	信息的真实性	平台聚合大量信息
2.0	电商为中心	交易服务和运营服务	高效匹配	平台聚合买卖双方，促进高效交易

[①] A. Bailin Rivares et al., "Like It or Not? The Impact of Online Platforms on the Productivity of Incumbent Service Providers", OECD Publishing, Paris, 2019.

[②] H. Costa et al., "Are Online Platforms Killing the Offline Star? Platform Diffusion and the Productivity of Traditional Firms", 2020.

续表

阶段	核心点	运营模式	关键问题	平台作用
3.0	企业生产运营管理数字化为中心	企业生产管理运营数字化服务	数字化供应链与企业生产运营管理数字化的融合	平台聚合大量服务商，提供一站式数字化转型服务
4.0	数据和用户为中心	技术服务、营销服务、数字化服务	数据和算法	平台汇聚了大量的终端用户、商家和服务商，实现各方高效连接

资料来源：笔者整理。

平台是推动消费互联网与产业互联网融合的重要力量，平台可以利用其技术能力、数据分析能力、连接能力、汇聚能力等优势，推动数字技术应用从侧重消费环节转向更加侧重生产环节，以及生产消费的整合环节。在需求端，利用大数据等前沿技术，根据不同场景深度挖掘消费者需求；在供给端，以平台为核心，汇聚各类服务商构筑数字化服务生态圈，建立起更适合中小企业的多样化、个性化的数字化模式。通过平台共享各类数字化能力，为企业发展赋能，形成多元主体共生生态系统，实现数字技术与生活服务交叉融合，提升全产业链智能化、敏捷化水平，以更富弹性的生产系统满足消费者多样化需求，实现供需动态平衡，以数字化、智慧化供应链和更高效的供需互动为中小企业降本增效。例如，美团平台IT服务体系搭建了可全方位覆盖经营管理各个场景的餐饮SaaS系统，破解了中小商户缺乏IT自建能力、信息化转型升级难的困境，现已服务超60万家中小微餐饮商户；美团的快驴进货为大量中小微商户提供稳定、低价、安全的餐饮原材料供给渠道。这些体系都为中小微商家降本增效提供了基础。

平台也是生活性服务中小企业数字化的战略性资源和互补性技术的重要来源。生活性服务数字化转型不单纯是从线下到线上的流量思维，而是需要将一系列战略性资源和互补性技术进行封装，使数字化的效能能够更好地发挥出来。平台助力中小企业将过去以渠道运营和流量运营为核心的方法论，进化成为以用户和品牌经营为核心的经营模式。这种转型需要有大量的战略性资源和互补性技术，如数据资源、人工智能、物联网、大数据、云计算等，而中小企业很难拥有这些资源和技术，甚至无法从可靠的来源获得这些资源和技术。即使有一些技术供给方有这些技术，也可能因为缺乏应用的场景，无法对技术进行迭代，从而打造出更适应中小企业的互补性技术。平台可汇聚相关技术和数据以及相应的供给方，从而使这些技术有在生活性服务业数字化转型过程中的应用场景，中小企业能够根据明确的应用场景选择相应的技术，并与平台、服务商协同对这些技术和资源进行优化迭代。服务商在平台上能够充分发挥自我优势，并加速优化服务结构，灵活满足中小微企业、商家对产品轻量、高效的需求，将产品、服务与其原有的系统高效协同，为数据沉淀奠定基础，从而开发出更具有优势的数字化转型解决方案。例如，利用数据资源与相关互补性技术，在空间维度上，用更细的维度去开展市场场景与序列化的触达，以及更精准地做好品类市场的定位；在时间维度上，平台可以协助服务商和商家利用其沉淀的消费者运营模型，围绕消费者生命周期与需求周期，开展消费者的价值创造，将数据资源转变为"数据资产"。例如，钉钉2014年成立以来保持高速发展，服务范围已经覆盖国民经济全部行业门类的96个二级行业，企业组织数量突破1000万家，注册用户超过2亿人。钉钉上已有数十万家独立应用开发者（ISV），为平台上的企业用户提供各种技术服务，使中小企业能够获得进行数字化转型所必需的各种战略资源。

(二) 现有服务业数字化转型方案及政策存在的问题

从国际国内服务业数字化的现状来看，虽然形成了一些模式，但这些模式并没有解决服务业数字化过程中存在的问题。由于服务业内部行业复杂，中小微企业占比高，服务业数字化转型在全球尚未有统一的有效模式。

1. 现有服务业数字化的模式比较

虽然平台在服务业数字化转型中扮演着重要角色，但很多数字化转型方案并不一定需要平台的参与（见表2-5）。具体而言，有商家（B）利用数字技术直达消费者（C）的B-C模式，有商家（B）与服务商（S）协同触达消费者并提供良好服务的B-S-C模式，还有服务商帮助商家进行数字化改造的B-S模式。

表2-5　平台不参与的服务业数字化转型模式比较

模式	特点	数字技术应用的意义与作用	优点与缺点	典型案例
B-C	商家利用数字技术直接接触消费者	商家利用数字技术可以跨越时空接触到消费者。消费者可以在特定场景下随时找到相应的服务	优点：成本较低，商家可以掌握全部数据，对服务质量进行动态改进。缺点：从整体上看，匹配效率较低。对商家的运营能力、品牌知名度等要求较高。需要消费者有较深的品牌心智沉淀	企业自营独立网站、企业自营App

续表

模式	特点	数字技术应用的意义与作用	优点与缺点	典型案例
B-S-C	商家在服务商的帮助下，利用数字技术直接接触消费者	商家利用数字技术可以跨越时空接触到消费者。消费者可以在特定场景下随时找到相应的服务。服务商可帮助商家进行全链路数字化，发挥数字技术的协同效应	优点：与服务商协同，解决数字化中的相关问题，对商家自身的数字化基础和能力要求相对较低。商家在一定程度上可以掌握运营数据。缺点：要求服务商具有较高的能力，商家对消费者的把控能力较差，供需匹配效率可能较低	国内的部分数字化转型服务商
B-S	服务商为商家提供数字化解决方案	商家利用服务商提供的方案进行数字化转型。但服务商重点提供相关技术服务，不涉及消费者运营等	优点：价格相对较低。缺点：对商家自身基础要求较高，且在消费者数据沉淀等方面具有较好的基础	国外的部分SaaS服务商

资料来源：笔者整理绘制。

在很多服务业数字化模式中，平台作为重要的主体参与数字化的过程。大部分的工业互联网平台，都采用了平台提供数字化解决方案，为企业进行流程、管理和决策等方面的数字化（B-P）。还有些具有电子商务特色的消费互联网平台，通过在平台引入数字化方案，形成了B-P-C数字化模式（见表2-6）。

表2-6 服务业数字化转型的模式比较

模式	特点	数字技术应用的意义与作用	平台的地位和作用	优点与缺点	典型案例
B-P	平台利用其技术和数据能力为平台上的商家提供数字化解决方案	平台提供各种相关的数字化解决方案，解决企业在生产、经营等活动中的薄弱环节，从而提高运营效率	平台拥有数据、技术等优势，能够做出更符合需求的方案	优点：平台能够将其数字化方案与商家的业务很好地结合起来。缺点：商家在数据沉淀、用户拓展等方面需要自己进行更大的努力	
B-P-C	平台利用其技术和数据能力，并结合其对用户的了解，提供更具有针对性的数字化方案	平台利用技术和数据，整合出方案，帮助用户进行拓客	平台在商家的数字化转型中起到关键的作用，不但提供技术，还为其拓展用户	优点：直接面向用户，商家的成本和效益比较清晰。缺点：平台上缺乏足够的服务商，使其无法更好地针对商家提供数字化转型的个性化服务	阿里巴巴平台、美团平台
B-P-S	平台通过汇聚服务商，为商家提供数字化服务	数字技术为企业的生产、经营、管理等方面效率提升做出贡献	平台连接商家与服务商，并提供基础工具	优点：平台上可以汇聚更多的服务商，能够提供更加具有针对性和个性化的解决方案，且成本相对较低。缺点：难以提供直达消费用户的数字化解决方案	钉钉

资料来源：笔者整理绘制。

2. 现有服务业数字化模式的问题

从整体上看，现有的服务业数字化转型方案以及政策存在以下问题。

一是从数字化转型的主体来看，方案主要以大型企业为主体，提供全面的数字化转型方案，要求企业有较好的数据基础、管理基础、人力资本基础和资金基础，基本无法照搬到中小企业。大部分解决方案提供商都热衷于做面向行业大型企业的数字化升级改造通用方案，很少有服务商能够深入中小微企业的实践，根据中小微企业研发、设计、生产、营销、管理、服务等场景，提供更具针对性的解决方案。既有的方案都是将大企业运用过的方案进行缩微改造，在功能设计方面并不完全符合中小企业的实践。在价格方面，也没有针对中小企业的特点进行个性化的定价，整体定价偏高。从开发成本上看，中小企业所运用的设备比较繁杂，缺乏统一的数据接口和格式，对生产制造过程的数据采集系统无法统一，会增加解决方案本身的复杂度。在方案运用过程中，还要根据中小企业现有的管理规范等对数字化方案进行适用性修改，这样也加大了方案开发的成本，导致很多提供解决方案的企业并没有为中小企业提供富有针对性的解决方案的积极性。

既有方案的另一个问题是对数字化转型的技能要求非常高，要求有密集的人力资源投入。服务业企业数字化基础差，数字化转型需要从其数据收集、生产流程、管理模式等底层结构开始，要求企业具有既懂数字技术又懂业务的人才，这提高了数字化转型的门槛。

二是从国家的政策来看，中小企业数字化转型的政策重点在制造企业。工信部于2022年11月发布的《中小企业数字化转型指南》，虽然提出了中小企业数字化转型应遵循"从易到难、由点及面、长期迭代、多方协同"的思路，并明确中小企业的数字化转型要以"小型化、快速化、轻量化、精准化（'小快轻准'）产品"为主要方向，但是，从整个指南的文本，尤其是"业务数字化"等方面的内容来看，指南的内容还是构架在工业企业基础之上，没有兼顾生活性服务中小企业的特点和需求。

从数字化转型实践来看,服务业数字化转型,行业差距、规模差异、数据不同等情况客观存在,需要平台、服务商和商家协同,并强化与消费者的互动,形成一种全新的架构。

三是数字化转型方案对服务业的特性把握不够,其成本和收益不明确。

从服务的特性来看,服务是一项特殊的经济活动,具有无形性、同步性、异质性和不可存储性。无形性指服务多属于行为而非物品,消费者难以事先感知和评价。同步性指服务产品的生产与消费同时进行,在空间、时间上难以割裂。异质性指服务产品不易标准化,质量难以保持稳定一致。不可存储性指大多数服务具有易逝性,可贸易性不足。这些特征,使服务业数字化转型既涉及技术问题,也涉及商业模式和生产组织形态;既涉及服务流程和获客方式,也涉及新消费场景搭建和新履约方式。

现有的服务业数字化转型方案对服务的特性研究不透彻,其成本的金额非常明确,但成本支出的具体项目,以及数字化的收益难以清楚核算。从中小企业本身来看,中国中小企业普遍具有"重硬件、轻软件,重产品、轻服务"的观念,而数字化转型的核心正是软件化和服务化。企业并不能直观感受到数字化带来的收益,甚至也无法感知到数字化成本具体支出在哪个方面。

从数字化转型的投入产出比来看,现在很多平台和服务商都缺乏明确的成本与收益分析框架。数字化转型需要在前期投入大量成本,增加在网络、数字化设备、信息系统等资源方面的投入,在数字化转型过程中还会涉及基础设施改造、系统建设、人才培训和引进、运行维护等多个方面的成本,需要投入大量资金。随着数字化转型的深入,还会涉及多种互补技术的协同,这些技术的应用需要企业持续投入资金。对中小企业而言，数字化转型的这个特征，使其在进行数字化投资时，面临着在哪些方面投资、按照什么时序进行投资等问题。从一些咨询公司的调研结果来看，数字化转型项目难以取得理想效果的概率高达70%—80%。即使一些有可能获得成功、有利于增强中小企业增长潜力的项目，其数字化转型所耗费的时间也非常长，不会带来立竿见影的收益和生产力的提升，这将增加中小企业的投资沉没成本。

服务业数字化转型存在大量现实问题与政策问题，需要有创新的思路才能解决。在本项研究中，通过建立B-S-P-C多方协同的数字化价值共创系统，能够更好地解决现有服务业数字化转型的问题。

（三）平台推动"中国式服务业数字化"：分析框架

1. 发挥平台的价值：中国式服务业数字化的提出

服务业的市场主体大部分是中小微企业甚至个体工商户，资金实力弱，数字化基础差，企业人力资本存量低，需要具有低技术门槛、低成本和低人力资本需求的数字化方案，而且，这些方案还应该能够直接帮助中小微企业拓客引流，从而使数字化能够快速明确地显现出效益，增强企业推动数字化的信心和决心。

从前文的分析，可以给出"中国式数字化"的定义：由平台、服务商、企业、消费者协同推进，根据不同企业特点提供低成本、低门槛、低人力资本需求、高精准、高效益、高信任、高融合的数字化方案，推动大中小企业协同数字化，使数字技术普惠不同行业的中小微企业，缩小市场主体之间的数字鸿沟。在这个过程中，通过产业互联网与消费互联网协同融合，最终形成各方协同的价值共创生态，从而实现服务业的高效数字化转型。

"中国式数字化"涉及需求、供给和服务,平台具有重要的作用。一方面,平台的主体企业拥有技术、数字等优势资源,能够帮助中小企业快速推进数字化;另一方面,平台能够汇聚多方面的资源,连接各方主体,推动无边界合作,从而使数字化转型更符合实际情况。在平台的支持下,服务业的供给更高效,生产可能性边界获得拓展,产能配置更精准,从而更好地满足场景化需求。平台能够极大地提升服务商的效率和效益,服务商利用平台提供的技术、数据、接口等基础资源,能够根据商家的特点更精准地量身打造低成本个性化数字化转型解决方案,降低商家数字化的门槛和成本。对需求而言,数字化能够满足多样化、高品质、场景化需求,促消费,降低需求满足的时间和成本。平台则利用数据、技术等优势,连接各方主体,形成数字生态,持续赋能商家、服务商和消费者。平台作为治理主体,提供基础治理架构;提供信用服务,推动信用化交易(见图2-2)。在这个模式中,平台发挥着基础作用,把消费互联网和产业互联网融合起来,从而能够更好地满足服务业中小微企业的数字化需求。由于这种模式与国外的SaaS模式以及国内已有的B-P模式、B-P-S模式有着巨大的区别,且更适应中国服务业中小微企业的需求,因此,笔者称之为"中国式服务业数字化"。

2. "中国式服务业数字化"——B-S-P-C模式

对生活服务业而言,中小微商家服务市场集中度较低,集中于餐饮、零售及个人服务等行业,其服务半径受到物理空间的限制,由服务商直接触达商家成本较高。平台依托生态优势,与服务商合作来触达广大中小微商户,从而发挥规模优势,降低服务成本。平台利用流量,在推动中小微企业流程和决策数

```
┌─供给─┐        ┌─服务─┐         ┌─需求─┐

┌──────────┐   ┌──────────────┐   ┌──────────────┐
│拓展生产可能│   │量身打造个性化数字化│   │满足多样化、高品质、│
│边界        │   │转型解决方案    │   │场景化需求，扩大消费│
│精准配置产能│   │降低商家数字化转型│   │降低需求满足的时间和│
│            │   │的门槛和成本    │   │成本          │
│            │   │降低人力资本需求│   │              │
└──────────┘   └──────────────┘   └──────────────┘

┌──────────┐   ┌──────────────┐   ┌──────────────┐
│获客：场景化、│ │方案：个性化，符合│ │意愿：拓展场景化需求，│
│精准化、低成本│ │行业企业特点    │ │开拓新需求      │
│运营：数据和用│ │切入点：从营销获客│ │时间：碎片化、即时化、│
│户为中心    │ │开始            │ │不限时          │
│供应链：数字化│ │协同：平台、业务、│ │空间：扩大消费区域│
│、智慧化、协同│ │商家多维协同    │ │参与：降低参与门槛│
│化          │ │数据：行业数据、平│ │互动：高效供需互动│
│组织：多元化、│ │台数据、商家数据协│ │                │
│灵活用工    │ │同分析          │ │                │
└──────────┘   └──────────────┘   └──────────────┘
```

┌──┐
│   平台   │
│   │
│ 连接：实现商家、服务商、用户的高效连接   │
│ 生态：无边界合作，全方位协同   │
│ 技术：开放接口，低门槛低成本工具   │
│ 数据：整体数据与个体数据协同   │
│ 治理：提供基础治理架构；提供信用服务，推动 │
│   信用化交易   │
│ 赋能：赋能商家、服务商和消费者   │
└──┘

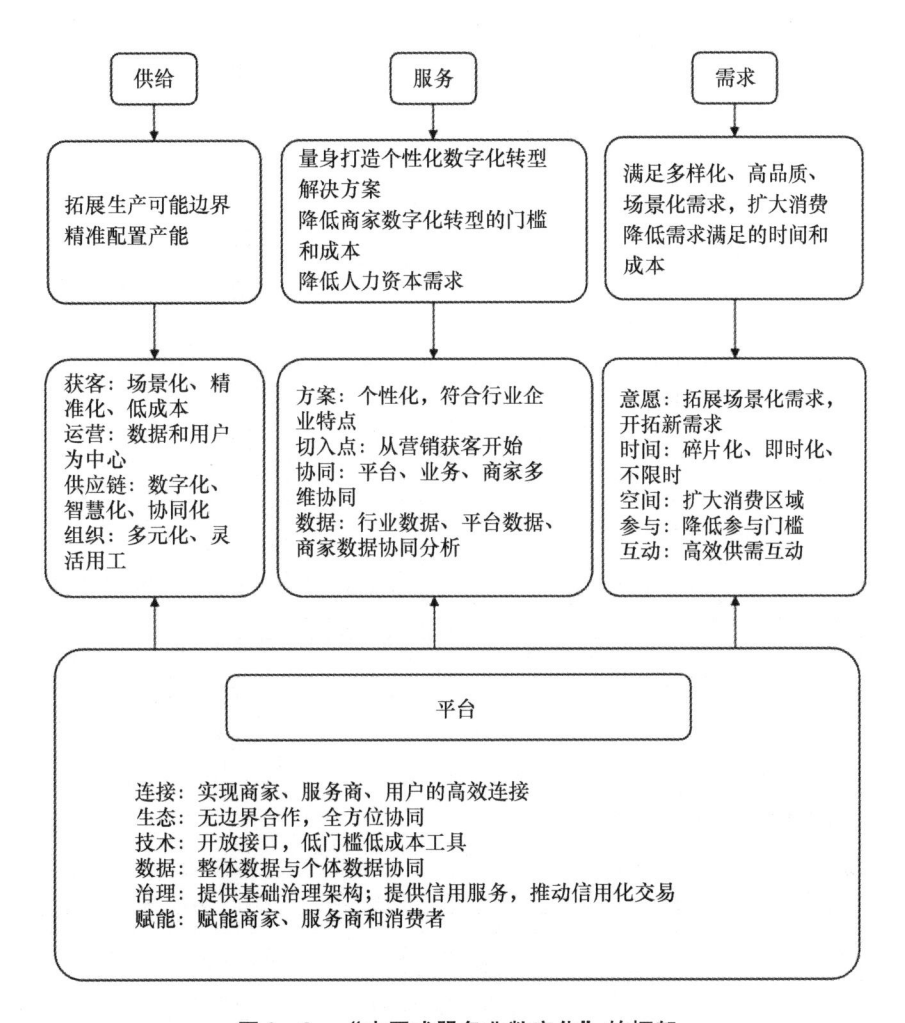

图 2-2 "中国式服务业数字化"的框架

资料来源：笔者归纳整理。

字化的同时，为企业提供会员精准运营、引流、扩大交易等服务，从而使中小微企业在平台上能够获得一站式的、产业互联网和消费互联网全面融合的、全链路的数字化解决方案。在这个过程中，平台、服务商、商家、消费者连接在一起，形成了一个价值共创系统，这就是"中国式服务业数字化"——B-S-P-C模式（见表2-7）。

表2-7 "中国式服务业数字化"——B-S-P-C模式

模式	特点	数字技术应用的意义与作用	平台的地位和作用	优点与缺点	典型案例
B-S-P-C	平台通过汇聚服务商，为商家提供包括营销数字化、流程数字化和决策数字化等在内的全链路数字化解决方案	数字技术为商家的营销、流程、供应链、管理决策等提供全方位支持	平台连接用户、商家与服务商，并汇聚了大量流量和数据，便于服务商协同商家进行数字化客户运营。平台也提供数字化基础工具	优点：企业在平台上能够获得一站式的、产业互联网和消费互联网全面融合的、全链路的数字化解决方案。数字化转型的成本和收益比较清晰。缺点：要求平台具有流量和数据、技术等方面的支持	支付宝平台

资料来源：笔者整理绘制。

"中国式服务业数字化"——B-S-P-C模式的基本特征：以最终消费者（C）为中心，由平台（P）和服务商（S）协同，为商家（B）开发出个性化的数字化工具或解决方案，实现"全渠道运营、全链路运营、全生态开放"（见图2-3），平台在其中担任连接者、资源整合者、基础资源提供者、治理者等多重角色。

"中国式服务业数字化"的B-S-P-C模型的特点如下。

第一，通过渠道数字化与流程数字化融合，消费互联网与产业互联网联动，解决中小微商家数字化的成本收益不确定问题。站在服务商的角度，光靠卖软件目前无法走出成功的商业模式，其在推动数字化的过程中，首先需要帮助企业实现营收的增加。站在商家的角度，线下中小微商户的数字化升级需求

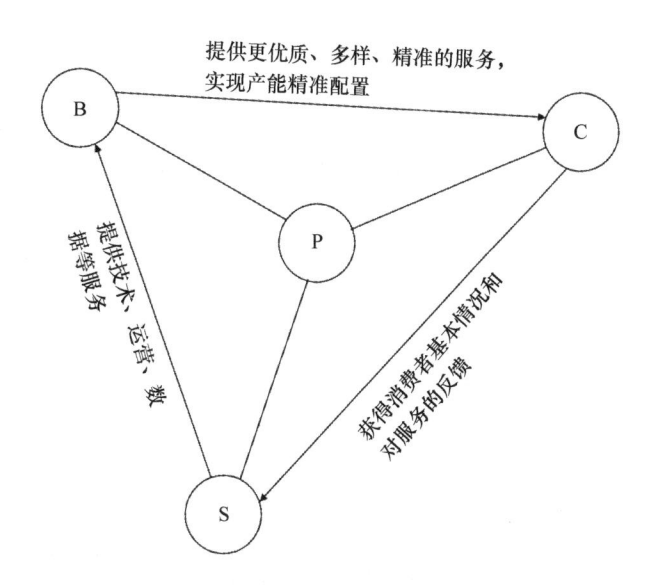

图 2-3 服务业数字化转型的 B-S-P-C 模型

资料来源：笔者归纳整理。

相对集中于"获客增收"方面，因为获客增收具有较强的确定性。但是，在很多平台上，中小微商家客流相对较少且交易规模较小，或难以获得靠前的平台展示位和较多的线上客流，且中小微商家对费用更加敏感，导致其对数字化转型缺乏激励。服务商也无法将其软件产品与商家的产出直接联系起来。在"中国式服务业数字化"模式中，平台本身具有消费流量与技术能力，能够协同服务商实现渠道数字化与流程数字化融合。例如，支付宝平台具有大量强交易心智的用户流量，通过与服务商合作，能够为中小微商家带来现实的流量，解决中小微商家数字化切入口问题。在通过数字化渠道获得客源流量后，商家往往需要大量的轻量型数字化工具，以更好地响应线上所拓展的客源的需求。因此，服务商可以通过渐进方式，推动中小微商家数字化。在此基础上，中小微商户 SaaS 服务商对细分领域的产业逻辑、现实中的商户经营痛点拥有深入的理解和较为充足的积累，能够整合资源、形成高效优质的 SaaS 产品服务，更符合中小微企业的需求,从而为中小微企业提供数字化的明确成本与收益核算方案。又如,美团平台以开店宝帮助商家通过美团、大众点评双平台实现线上精准曝光,连接海量用户,并可随时随地进行店铺管理和咨询解决业务问题。疫情期间,携手百家优质外卖代运营公司和数千名外卖运营师,为全国60个城市3万家中小商户免费提供3个月的线上运营服务。试点商户月收入普遍提升超过50%,店均月收入提升达7000元。相关数据表明,2021年,北京市联合外卖平台推动近6万家商户开展餐饮业数字化升级,前10%的商户单周交易额增长了近25%。

第二,通过平台与服务商协同,解决服务商高效触达中小微商家的问题,将服务商的作用更好地发挥出来。同类中小微企业在地理上分散,使服务商在触达中小微商家时效率较低。支付宝平台汇聚了大量中小微商家,能够为商户提供精准的客源流量。服务商一般在特定行业以及特定环节具有较为丰富的经验,能够为商家提供高效的流量运营方案以及契合商家需求的流程数字化方案、智慧化供应链方案。既能够在短期内为商家提供客源流量增量,也能够在长期内为商家降本增效,从而使中小微商家对数字化不再排斥,服务商能够以更低成本高效触达中小微商家。另外,平台中实现了成功转型的优秀商户会有较好的示范效应,能够降低其他处于创业初期的经营者的认知难度和心理负担,以更好的心态接纳并学习数字化转型方法,从而能够以积极的态度接受平台与服务商提供的数字化工具和方案。

第三,以规模化优势解决服务商投入产出问题。服务商为中小微商家提供数字化方案及相关服务时,面临着投入产出比不突出的问题。从投入来看,服务商提供软件,需要大量的技术研发投入(云计算、数据库、安全风控技术等),完全靠自己研发成本巨大。从产出来看,线下中小微商户数量多、分布广,服务商需要投入较多资金和时间来建设线下地面推广体系，且需要针对小微商家的特点，研发更加适合线下中小微商家的数字化方案，但线下中小微商户付费能力及LTV（生命周期价值）相对较低，服务商针对单一线下中小微商户产生的回报或难以覆盖前置投入成本。平台与服务商协同，通过降低方案专用性，将之转换为通用性模块，并根据企业的特征进行微调与组装，可以极大地降低交易和复制成本。与大型企业动辄几万元甚至十几万元的复杂数字系统相比，以中小微商户为目标的基础数字化产品可以将成本降到极低，从而使商家能够负担得起。而服务商可以在平台上实现方案的规模化销售，从而获得盈利。

例如，支付宝平台以数字化支付作为切入口，平台上汇聚了超过8000万的数字化支付商家、400万的小程序商家，这使服务商能够利用平台资源，将其所研发的数字化方案经过模块化拼装后，应用到更多的中小微商家。服务商的前期投入成本经过大量的商家分摊后微乎其微，从而解决了服务商投入产出问题。发挥平台作用，建立用户黏性。B－S－P－C模型强调以最终用户（C）为中心，而推动商家、服务商、平台、用户之间形成正反馈循环的一个重要方面，正是最终用户的高黏性与高频次重复购买。例如，支付宝App有10亿级用户，这些用户的强交易心智，呈现出高客单价、高复购率等特征。支付作为高频服务，有效连接商家和消费者，为商家和服务商提供持续的C端入口，建立用户黏性。无论是商家还是服务商，都将利用支付所提供的客户触达，将支付通道嵌入SaaS服务及产品中、提供"支付+商家服务"的一体化解决方案，通过客户运营，提高客户黏性。

3. "中国式服务业数字化"的"中国式"体现在哪里

一是主体特色。"中国式服务业数字化"主要面向服务业中小微企业。从数量上看，2022年，中国中小微企业在全国各类市场主体中的占比高达96.8%、整体数量近1.6亿户，对GDP的贡献占60%以上。从中小企业分布来看，服务业企业占据了绝对优势地位。截至2022年12月，中国共有企业5200多万家，服务业占比为77%，其中97%以上都是中小微企业。共有个体工商户1.07亿个，其中80%以上从事服务业。中国服务业中小微企业和个体户市场主体合计超过1.3亿。面对服务业中小微企业的数字化转型，现有的数字化方案难以解决其所遇到的难题，需要有"中国式服务业数字化"的支撑，这也是"中国式服务业数字化"的一个重要特色。

二是平台特色。"中国式服务业数字化"强调平台的作用，尤其重视具有强大消费者连接能力的消费互联网平台的作用。依托能够连接到数亿消费者的大平台，利用其技术能力、数据分析能力、连接能力、汇聚能力等优势，推动数字技术应用从侧重消费环节转向更加侧重生产环节以及生产消费的整合环节。通过引入大量的服务商，推动消费互联网与产业互联网在平台上深度融合。在具体路径上，跳出单纯从线下到线上的流量思维，平台协同服务商，向服务业中小微企业提供大量战略性资源和互补性技术，从而降低数字化的门槛和成本，并增强企业数字化的信心和能力。

三是服务特色。服务业具有业态多元、场景碎片、经营链路复杂等特点，不同行业不同商家需求差异巨大，任何一家平台或者服务商都无法提供满足复杂需求的多样化数字化解决方案。平台上聚合各类服务商，提供基于行业的数字化产品、技术和运营等多个维度的服务，满足各行各业的个性化需求。服务商能够深入服务业企业内部，对服务业各个细分行业深入了解，提供更加符合企业需求的数字化方案。针对商家所在的行业、规模、运营模式等特征，提供丰富多样的个性化数字化转型服务工具，以适应平台上服务业商家行业多元化、企业异质化、需求多样化的特点，使数字化真正能够为商家创造价值。

平台上的不同服务商（技术服务商、推广服务商、代运营服务商、硬件设备服务商、内容服务商等）通过协同，能够为企业带来高效的全链路数字化解决方案。

四是价值共创。以平台为中心，推动各方构建协同价值共创生态，形成各方共同参与、优势互补、分工合作、利益共享的价值共同体。服务商能够发挥平台上商家众多的优势，在低价格提供解决方案的同时，获得大量客户，从而获得较好的利润。商家以低成本获得平台上的优质流量、精准的数字化方案，快速推动数字化转型，获得相应的效益。用户在平台上能够获得更精准、更高效、更低价的服务，其效用大幅度增加。平台能够连接越来越多的不同类用户，其发展更为健康。

（四）平台促进"中国式服务业数字化"提升社会经济价值的机制

平台促进"中国式服务业数字化"，不但是平台业务拓展的过程，也是一个社会数字化转型升级的过程，还是一个实现各方价值共创的过程。在这个过程中，平台创造了巨大的社会经济价值。

1. 互联网平台通过价值共创形成价值共同体

互联网平台在推动"中国式服务业数字化"过程中，将构建协同价值共创生态，形成价值共同体。从服务商来看，平台为服务商提供更多的基础数据、流量、接口和技术工具，降低服务商开发数字化转型工具的成本；服务商将针对商家所在的行业、规模、运营模式等特征，提供丰富多样的个性化数字化转型服务工具，以适应平台上的服务业商家行业多元化、企业异质化、需求多样化的特点，使数字化真正能够为商家创造价值。从商家来看，平台具有大量的基础流量，而平台上众多的服务商之间形成了一个相互竞争与合作的市场，为商家提供了多样化的解决方案，从而有利于选择更符合企业特性的高效数字化路径，并与服务商之间形成价值共创系统。从消费者来看，消费者在平台上的行为都被数据化。根据这些数据，商家能够提供更为精准、更加符合消费者需求的服务，从而使消费者成为价值共创系统的重要组成部分。

在价值共创系统中，平台，服务商、商家与用户之间形成正反馈循环，从而使平台的社会经济价值进一步提升（见图2-4）。

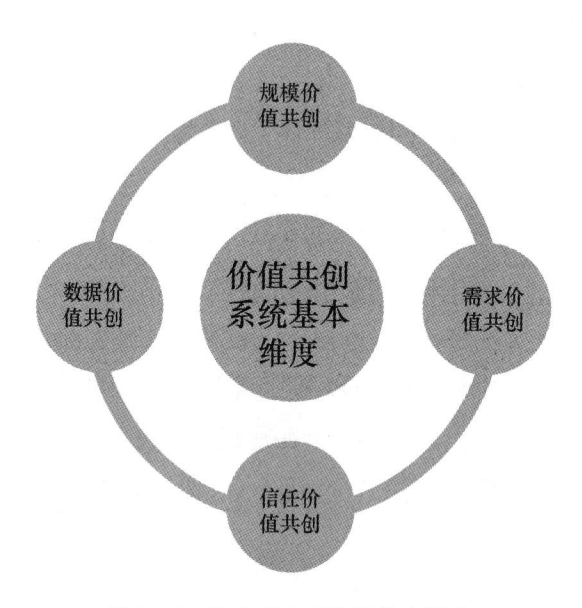

图2-4 价值共创系统的基本维度

首先是规模价值共创。平台汇聚了大量的用户、商家和服务商，用户有着更多的选择，能够享受到更加符合需求的服务；商家能够获得更精准的流量支持，获得平台低价或免费的公域流量带来的价值；商家从更多的服务商处获取更能解决其痛点问题的数字化方案，从而实现降本增效；服务商能够将其解决方案通过微调，卖给更多的商家，从而获得更多的收益。例如，支付宝平台上为企业提供大量低成本的公域流量，并与服务商协同，为商家数字化转型提供更多贴合其需求的工具，使商家能够在数字化过程中，快速感知到效益的提升。这有利于形成平台与服务商、商家、消费者之间的正反馈循环，从而推动企业降本增效增收。

其次是需求价值共创。平台与服务商、消费者之间的联系更为紧密，通过用户、数据等共享，深度挖掘消费者的潜在需求，从而促进消费，实现价值共创。例如，即时零售帮助消费者触达更大范围的商超店铺，将可触达的商超店铺物理半径从1000米扩展至3000米以上，进而扩充消费者的产品选择范围，拉动消费。

再次是信任价值共创。数字化转型往往意味着商家要将其业务进行数据化，并将数据开放给为其提供服务的服务商，这需要有一个强的信任关系。例如，支付宝平台在信任机制、信用体系建设等方面已形成了独特的能力，有利于形成可信任的数字化转型，从而实现各方信任价值共创。

最后是数据价值共创。平台、服务商与商家在推动数字化转型过程中，都积累了非常多的数据。平台在数据安全、数据保护、数据共享等方面建立了一整套体系，从而解决数据共享过程中的信任机制问题，推动各方在发挥数据价值方面通力合作，为数据开发更多的应用场景，实现数据的共享、融合、复用，从而将数据沉淀为"数据资产"。

以上四个方面是价值共创系统的基本维度，根据不同平台的特点，价值共创系统还能在更多的维度发挥出更大的作用。

2. 平台促进"中国式服务业数字化"产生多方面的社会经济价值

互联网平台在"中国式服务业数字化"过程中，能够为整个社会经济带来极大的价值。

一是平台能够在"中国式服务业数字化"过程中推动服务业需求扩大，促进消费，从而实现社会经济价值。

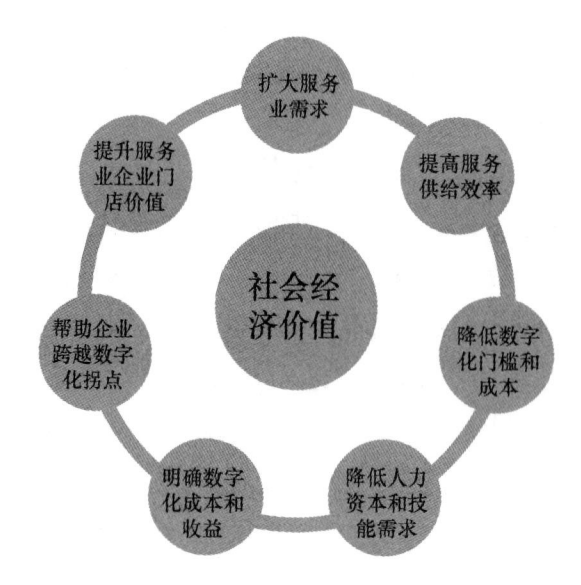

图 2-5　平台促进"中国式服务业数字化"产生的社会经济价值

以平台为核心构建的"中国式服务业数字化"B-S-P-C模式，使平台上的服务业企业拓展连接范围，提高供需匹配效率，完善信任机制，从而扩大服务需求。由于服务产品难以储存，且与居民生活幸福密切相关（部分服务行业被称为"幸福产业"），扩大服务需求具有较大的社会经济价值。

平台加速了服务业的渗透和下沉，持续扩展了服务业线上化的场景，从而扩大了需求。对服务业企业而言，平台上汇聚了大量的互补性服务，形成了线上的服务集群，无论是低频的服务应用场景，还是高频的生活服务需求，在平台上都能够一次性满足。平台上所集成的服务企业越多，消费端用户对平台的使用频率就越高，就可能带来越多的非意向的服务需求。

服务需求的满足受制于消费者的信息以及供需匹配效率，平台基于数据、算法，融合平台上的大量服务资源，将极大地提高服务匹配效率，减少服务资源的冗余，并催生出新的服务需求。

服务是一种无形产品，其质量不可见，需要消费者亲自体验。服务的生产与消费同步完成,产品不可储存。消费者在体验到质量较劣的服务之后,维护自己的权益也较为困难。因此,建立强信任机制对促进服务消费具有重要意义。平台积累了用户评价、企业行为以及其他相关数据,有利于对企业的服务质量、信用情况等做出客观评价,从而增加交易透明度,促进消费需求。

二是"中国式服务业数字化"能够提高服务供给效率,拓展生产可能性边界。

生活服务领域普遍存在着生产率较低、技术进步缓慢等问题。数字化转型利用现代数字技术和智能设施,将人工控制的经营管理活动,尤其是固定化和重复性的环节转化为按预定程序运行的过程,从而有利于提高员工的效率。例如,大量数字系统在餐饮服务过程中的应用,能够显著降低餐饮服务人员的精力损耗,有效提高劳动生产率与服务水平。例如,外卖接单系统、智能分单系统能将顾客线上或线下下单后的信息分类传送到不同的备餐区(如凉菜、热炒、主食等),有效减少服务人员报单导致的延迟和失误,提高出餐效率;餐饮POS机、智能开票系统减少了收银收单与开票过程中所需人力,降低了点单错误率;手机/智能终端点餐系统减少了服务人员的看台难度,避免了消费者逃单、投诉等行为;智能机器人辅助餐厅更好地服务消费者;进销存系统帮助餐厅采购人员更科学、高效地管理餐厅库存;智能决策系统帮助管理人员低成本地获取餐厅经营数据,快速做出决策。在这个过程中,企业获取到了更翔实的数据,可以对其服务流程、经营管理等进行更全面的优化,实现精准化营销,通过"更多客户—更多数据资源—更强服务能力—更多客户"的链路实现数字化规模效应。

另外,数字化营销增加了企业获客的地理范围和获客的场景,创造了新的消费模式和场景,有利于提高服务企业的土地等固定要素的生产率。线上结合第三方平台的履约体系,延展了商户的服务半径和经营时长。例如，美团数据表明，传统中小餐饮门店的服务半径一般为500米左右，而线上外卖的平均配送距离为987米，扩大了近一倍。零售店面在引入即时零售后，也能够有效地增加其坪效。

三是"中国式服务业数字化"能够有效降低数字化门槛和成本，实现数字化普惠。

数字化转型有一定的门槛，如数据、技术等。对中小服务企业而言，这些门槛是难以跨越的。平台上有大量基础数据、软件等工具，这些工具的使用门槛低，中小服务企业能够很快上手。平台还汇聚了大量的服务商，通过与平台协同，利用平台沉淀的数据、技术等，开发出更符合中小服务企业的数字化转型方案，从而帮助这些企业实现零门槛数字化转型。

平台上汇聚了大量的中小服务企业，服务商开发出的数字化转型方案能够普惠地服务许多同类型的企业，这会使其研发成本和后续运营维护成本降低，从而降低数字化方案及其产品的价格。对服务商而言，平台能够帮助其有针对性地深入洞察所服务的行业。规模效应使其具有动机开发出高水平的数字转型工具和软硬件系统，灵活满足中小微企业、商户对产品轻量、高效的需求，并为企业创造价值。据中国信息通信研究院测算，一家百人规模的企业使用钉钉全套产品和解决方案，一年大约可以节约70万元。

四是"中国式服务业数字化"能够降低数字化过程中的人力资本和技能需求。

研究表明，大部分企业数字化转型并没有取得预期的结果，其重要的原因是企业缺乏具有数字化能力的人才。平台化的数字化转型模式，通过提供各种更符合企业需求的数字化方案，能够有效地降低数字化对人力资本和技能的需求。一方面，服务商协同平台，通过更多的样本更好地理解企业数字化转型的需求，开发出对人力资本和技能需求低的数字化转型工具和产品；另一方面，平台上汇聚了大量技能型人才，企业可以通过平台获得各类技能的帮助。再者，平台和服务商可以引导企业数字化顺序的安排，从易到难推动数字化，从而帮助企业积累人力资本和技能。像支付宝这类自带流量的平台，可以从对技能要求较低的营销数字化开始，再引导企业进行流程数字化，在企业具备一定的技能后，再推动其进行全链路数字化，从而降低了数字化对人力资本的需求。

例如，支付宝通过开放平台，向有开发能力的各类企业提供核心服务及延展服务，包括账户管理、用户管理、营销服务、数据分析服务等，客户通过开放 API 连接到平台上，可享受拿来即用的服务，自由选择符合其需要的应用模组，像"搭积木"一样组装解决方案。

五是"中国式服务业数字化"能够明确数字化的成本和收益，推动长期与短期结合，从而提升数字化的效益和效率。

中小企业的数字化转型本质上是一个长期与短期的问题。从长期来看，数字化转型是一种必然趋势。从短期来看，如何推动企业更好地开拓市场，适应市场需求的变化，是核心的命题。然而，在不同的成长阶段，企业对数字化的需求重点并不一样。在初创期，企业侧重于解决现阶段的关键问题，重点关注薄弱环节，将资金效用最大化。在中长期，人工智能的引入，将使企业从数字化转型中获得的收益显著增加。2021 年，Gartner CIO 调查显示，63％的零售商希望在商业智能/数据分析方面投入更多资金，35％的零售商希望在电子商务中的人工智能方面投入更多资金。人工智能需要大量的前期技术投入和数据，这些正是平台的优势。

在实践中，数字化的成本是看得见的，收益却不明确。单一的生产经营领域的数字化效果不明显，往往需要细致的数据分析，而生产和服务效率的改进程度也很难直接体现，这会影响企业进行数字化转型的积极性。因此，数字化转型要落地，首先要使企业更为灵活地应对市场和客户需求变化。平台汇聚了大量用户，利用平台的连接功能，以及数据分析等技术，平台协同服务商，能够帮助企业以低成本获客，扩大营销，从而使数字化过程与用户运营无缝融合起来，这很好地解决了长期与短期的抉择问题。例如，美团研究院问卷调查显示，分别有82.97%、83.4%的受访商户表示开通外卖帮助自己扩大了服务半径、增加了收入。又如，支付宝平台已沉淀了大量的强交易心智用户，具有较方便和高频的用户触达方式（支付）。平台协同服务商，可提供大量服务业领域的数字化工具或解决方案。这些工具或方案实现了长期和短期的结合、B端和C端的融合、业务和管理的融合、产品和运营的融合，其收益可以通过企业营收增加、获客成本降低、运营成本降低、总利润增加等方式清晰地呈现出来。相较于单纯使用中后端的生产经营数字管理系统，借助支付宝平台前期积累的强交易心智用户基数，服务企业的获客成本（CAC）大幅度降低，而客户的全生命周期价值因其强交易心智而显著提升。数字化工具率先通过线上化手段与前端消费者进行广泛链接，能让商家更直观、更显著地观察到数字化的效果。在平台以用户、数据、技术的支持下，服务商开发出了很多融合化的工具，打通生产与消费，呈现效果显著的数字化转型方式。例如桌面点餐系统，不但是一个B端工具、业务工具，也是一个运营工具；不但能够提高餐饮业的员工效率和坪效，也能进行拓客和用户运营管理。

六是平台帮助企业跨越数字化拐点。

服务业数字化转型存在着两个阈值。一个是全部企业中数字化转型的企业比例。当超过一定比例的服务企业进行数字化时，可能产生企业间的数字化协同效应。另一个是企业所有流程中的数字化转型环节的比例。当企业内部的数字化环节达到一定比例时，可能推动企业内部不同的业务环节和部门之间产生数字化协同效应。

平台上汇聚了大量的服务企业，先开始数字化转型的企业将对其他企业产生示范效应，推动数字化快速普及，从而跨越拐点。平台上汇聚了大量的服务商，能够为企业数字化转型的各个环节提供高效的解决方案，结合平台所提供的接口、用户、数据、技术等资源，将推动企业数字化从营销数字化向流程数字化和决策数字化全方位转型。

七是平台通过数字化提升服务业企业门店的价值。

在之前的认知中，数字化可能会导致实体门店失去价值。然而，服务需要面对面完成，大量的服务需要在门店中履约或者体验。在数字化时代，门店的价值依然非常重要。近期的研究表明，即使公众观念中容易被线上取代的线下零售店，在数字化时代也有其独特的价值。根据麦肯锡的调研，85%的消费者在整个购买决策过程中仍会前往线下门店；ICSC的调查显示，开设新店会使下一季度零售商网站的访问量增加37%[①]，反之亦然。

数字化通过线上线下联动的互动体验提升门店的吸引力，通过停车无感支付、自动积分、精准发券、基于位置的商品/服务推荐等数字化手段提升便利度，通过对线下用户的调研，精准拓展线下场景的各类增值服务。更为重要的是，数字化能够实现线上线下用户的一体化运营，拓展线上线下积分联动业务，从线上到线下与消费者进行深度绑定，深挖细分客群的行为偏好，形成完善的一体化用户运营策略，提升用户的黏性以及消费者的复购率。

---

① "ICSC 'Halo Effect' Study Finds Physical Stores Drive Increase in Online Traffic and Brand Awareness", 15 October, 2018, https://www.businesswire.com/news/home/20181015005721/en/ICSC-%E2%80%9CHalo-Effect%E2%80%9D-Study-Finds-Physical-Stores-Drive-Increase-in-Online-Traffic-and-Brand-Awareness.

（五）"中国式服务业数字化"的实证研究：
　　以支付宝为例

支付宝是中国知名的第三方支付平台，致力于提供"简单、安全、快速"的支付解决方案。支付宝有两个平台支持服务业数字化转型。一个是数字支付开放平台。该平台的主体公司是支付宝（中国）网络技术有限公司，致力于探索网络支付技术创新及应用场景突破。基于PC、手机和IoT智能设备，向商家机构开放快捷支付、条码支付、刷脸支付、二维码支付技术，为企业和个人提供"简单、安全、快速、便捷"的支付解决方案，满足商业经营、民生服务、交通出行等不同场景下的交易需求。另一个是数字互联开放平台。该平台的主体公司是支付宝（杭州）信息技术有限公司，成立于2016年，业务范围涵盖数字技术开发、数字生活服务、商家开放平台、数字营销等诸多领域，也是支付宝App的运营方。支付宝开放平台是个服务于多边群体的一站式数字生活平台。一方面，支付宝面向政府机构和商家开放数字化经营阵地、产品和流量，携手1.2万家服务商，助力它们通过支付宝App做数字化经营；另一方面，支付宝通过数字化技术，为消费者精准推送由政府机构、商家、服务商提供的服务，满足消费者吃喝玩乐购等各方面的数字生活需求。正因为对服务业的高度重视，蚂蚁集团在其发布的《2021年可持续发展报告》中，将"服务业数字化经营开放平台"作为其重要业务板块。

目前，支付宝聚合的服务类型包括政务民生、出行、餐饮、零售、酒旅、泛娱乐、租赁等多个行业。在支付宝上通过小程序提供数字化服务的机构和商家数量已超过400万个，是一个一站式数字生活平台。美国晨间咨询公司2022年发布的调研报告显示，53%受访中国消费者表示每天都用支付宝，其中，"80

后"的信任度最高,平均超过85%,而61%的"Z世代"(一般指1995—2009年出生的群体)消费者使用支付宝。

基于庞大的用户基础、强交易心智、独有的平台特色能力等,支付宝以"全渠道运营、全链路运营、全生态开放"的理念,支持服务业企业进行"三低四高"的数字化转型,助力企业降本增效,从而创造出更多的社会经济价值,打造出价值共创体系,是"中国式服务业数字化"的鲜活实践。

所谓"三低四高",就是支付宝以持续的技术创新助力生活服务业数字化能力提升,帮助商家实现数字化转型升级。商家机构可通过开通小程序、生活号、loT智能设备等产品功能,在支付宝平台上建立属于自己的数字化经营阵地。同时,利用支付、搜索、会员等工具,构建适合自己的高效运营链路,从而实现"低技术门槛、低成本、低人力资本要求"("三低")和"高精准、高效益、高信任、高融合"("四高")的数字化。

1. 推动服务业"三低"数字化,实现数字普惠

一是推动低技术门槛的数字化转型,弥合中小企业数字化鸿沟,使中小企业享受更多的数字化红利。

在生活服务领域,其主体大都是中小企业。以餐饮业为例,根据红餐网提供的数据,到2019年中国有餐饮门店712万家,从业人员为3000万人。根据第四次经济普查数据,2018年年末,全国共有餐饮业企业法人单位30.6万个,餐饮业企业法人单位从业人员为432.4万人。餐饮业超过80%的门店都是小微企业乃至个体经营的夫妻店。以零售业为例,根据商务部《中国线下零售小店数字化转型报告》,截至2020年9月,中国线下传统商品零售渠道大约有630万家小店,超过75%集中在三线及以下城市。

在数字化浪潮下,这些企业具有强烈的数字化意愿,且绝大部分已经通过引入数字化支付手段,开始了数字化尝试。然而，将数字技术引入企业生产、经营、营销、管理、决策等方面，仍有不足，与大型企业相比仍有较大的差距。中国电子技术标准化研究院发布的报告显示，79%的中小企业仍处于数字化转型的初步探索阶段，12%的企业处于应用践行阶段，而达到深度应用阶段的企业占比仅为9%。① 究其原因，在于深度数字化转型需要更多的基础数据、技术和人力资源，中小企业不具备此方面的资源。

数字化是一个实践的过程，"干中学"能够发挥更重要的作用。支付宝平台通过工具提供、接口开放等，为企业提供门槛更低的数字化工具，从而降低学习成本，以几乎零成本的方式，使中小企业逐步了解数字化的含义、基础数字运营工具的使用方法等，逐步弥合与大型企业之间的数字化鸿沟。这也使中小商家能够实现数字化的持续深化，商家在接入数字化支付之后，可以零门槛地使用基于支付而形成的轻量级低成本的数字化产品，如收款码、对账系统，积累经验和数据，并从中直观看到数字化带来的效益，先使用再进行较深度全面的数字化，包括数据分析、物料采买数字化产品、进销存数字化产品、扫码点单数字化产品等，从而推动渐进式的数字化。目前，支付宝平台已能够提供2000多个0代码的普惠型数字工具，覆盖数字化经营的各个方面，能够帮助中小企业跨越"从0到1"的数字化转型过程。

在实践中，平台与服务商协同，还根据中小企业的数字化需求推出具有多种功能的简便IoT设备。该设备根据零售夫妻店的特点，设置商品订单管理、库存管理、价格管理等功能，且有扩展功能，将小型SaaS集成在硬件中，降低了使用的门槛，使商家能够非常便捷地使用，快速入门数字化。其价格也远远

---

① 《中小企业数字化转型分析报告（2021）》，2022年5月9日，澎湃网，https://m.thepaper.cn/baijiahao_18011833。

低于超市的相关设备，从而降低生活性服务业数字化的门槛。

二是平台提供便捷的小程序开发工具、接口等，通过大量低成本流量支持，降低数字化的成本，推动低成本的数字化。

企业数字化转型的载体工具有很多，包括企业流程和组织数、决策数字化等方面的 ERP、CRM、SCM、OA、HR 等系统工具。在渠道数字化方面，有企业独立网站、App、网店、小程序等。在业务数字化方面，包括数字化支付、优惠券、红包码、会员、积分等基础工具。

从网站来看，国家市场监管总局数据显示，截至 2022 年年底，全国市场主体达到 1.69 亿个，企业和个体工商户分别历史性地跃上 5000 万家和 1 亿家的大台阶。而全国企业拥有网站数量为 54 万个左右，其中制造业网站 23 万个，批发零售业 9 万个，建筑业和房地产业 4 万个左右。由此推算，服务业领域的中小企业和个体工商户拥有网站的比例远远低于 1%。因此，服务业中小企业难以通过网站方式推动其数字化。

从 App 来看，根据工信部的数据，截至 2022 年年底中国各类高质量 App 在架数量 258 万余款，大部分为游戏类和工具类 App，电子商务类 App 不到 30 万款。绝大部分服务业中小企业都缺乏能力建立一个独立的 App。

从小程序来看，最为基础版的小程序成本低于 1000 元，甚至可以做到零成本。例如，支付宝小程序是商家、机构、个人等主体在支付宝进行数字化经营为用户提供服务的核心阵地，具备三大特点。（1）通过扫一扫、搜索、推荐和频道等，能将用户快速地引入小程序进行服务体验，进而形成用户转化和沉淀。（2）收藏小程序后，用户可通过支付宝首页的"我的小程序"进行快速复访。商家也可通过消息对用户进行找回，从而提高用户的沉淀。（3）此外，小程序还建立了和生活号、群的互通关系，具备内容运营的商家/机构/个人，可以通过和生活号内容私域运营阵地打通，借助支付宝生活频道开放的运营渠道,最终实现商家/机构品效和品宣的联动运营。调研发现,从成本收益比来看,选择支付宝小程序对中小微企业乃至于夫妻店具有最好的适用性。支付宝用户的强交易心智,使小程序的交易功能日益凸显。近三年来,小程序整体月均访问人次相比2019年复合增长接近70%,有效助力商家拉新与用户复访。用户月均消费频次年均增长16%,客单价比大盘整体增长45个百分点。

以自营外卖为例,中心化平台的高佣金比例(>20%)促使部分中小微商户通过发展自营外卖(分佣比例<3%+额外配送费用)来降低获客成本、构建私域流量、促进客户复购,而支付宝小程序的完善也为自营外卖提供了基础工具。自营外卖有望成为未来餐饮业中小微商户数字化的关键切入口。

由于支付宝小程序相比较App等数字化载体具有显著的成本优势(见表2-8),综合而言,支付宝小程序在整体上比App或者网站的综合成本低20%—60%。

表2-8　　　　典型App与支付宝小程序的费用对比　　　　(单位:元)

	开发成本	维护成本	代运营成本
App	>50000	>20000	根据需求不同而不同
小程序基础版	<1000	<1000	比App低20%以上
营销拓客小程序	<5000	<10000	比App低20%以上
小程序商城	<30000	<20000	比App低20%以上

资料来源:综合笔者对不同企业调研所获得的数据整理而得。

从笔者对服务业中小企业的调研来看,部分企业具有一定的数字化经营能力,能够较好地运用支付宝平台提供的数字化工具(见"专栏:支付宝商家数字化运营基础工具包")。根据相关平台的调查(见表2-6),可以发现,一套中等规模的数字化经营管理工具,再加上支付宝所提供的会员管理系统、积分系统、优惠券发放系统等,其市场价格在30000元以上,使用支付宝所提供的这些低成本工具，能够为中小企业节省30000元以上的数字化前期投入。

从笔者对服务业小微企业实地调研的结果来看，广大的小微商户无力自建数字化运营管理系统，也购买不起昂贵的ERP等数字化软件，数千元的小程序甚至连价格非常低的SaaS系统都难以负担。例如，首都经济贸易大学一项针对一线与新一线城市的2500家餐饮商户的调研显示，59.3%的餐饮商户启动资金小于12万元，其中启动资金小于6万元的商户的占比达到28.5%，启动资金超过30万元的餐饮商户的占比仅为12%。针对这些小微商家，支付宝提供了大量的免费数字化工具、零代码工具（见"专栏：支付宝商家数字化运营基础工具包"），推动无力开发App和小程序的商家降低了数字化软件购买成本。利用调研数据综合测算，运用基础工具包的小微商家如小店进货、小账本等，在前期平均可减少各种软件支出4000—7000元（见表2-9）。这些工具的应用给企业带来了成本的降低，笔者实地调研发现，部分小微商家利用支付宝开放的账户体系，增加商家自动对账能力，可以节省40%以上的对账人力和成本。

表2-9　　　　　小微经营者基础数字化工具的价格　　　　（单位：元）

工具名称	采购成本	备注
小账本	0—2000	市面上相关产品较少
经营分析	1000—50000	参考多家平台上服务商报价
店员管理	1000—10000	参考多家平台上服务商报价
在线合同	1000—5000	参考多家平台上服务商报价

资料来源：综合笔者对不同企业调研所获得的数据整理而得。

专栏：支付宝商家数字化运营基础工具包

1. 经营工具

红包码：2017年11月15日推出，主要面向小商家推出。

用户在线下付款时，商家可推荐用户扫码领红包，用户领取并使用红包后，商家也可获得相应的赏金。这是当年的一款移动支付现象级产品。

收款音响：支付宝收钱提示语音播报音箱，关联收钱码，手机不在也能正常播报。

商家积分：通过支付宝收钱码收款，将获得对应的商家积分，积分可以换取商品、提现免费额度等福利。

赊账进货：2017年上线，通过1688支付宝小程序，可以在支付宝商家服务平台赊账进货，30天后再付款，减轻资金流动压力。

小账本：支付宝平台的记账、统计功能，帮助商家统计收入、支出情况。

2. 平台政策

提现免费：2017年3月1日上线，通过支付宝收钱码进行线下有效收款，可按收款资金1∶1获得免费提现额度，免费提现额度的获取不设单笔上限和单日上限，额度有效期为一年，相当于收多少可以免费提现多少。

信用收款：2017年7月5日上线，2019—2021年，3年内对不超过150元的花呗订单服务费全免。超过150元的花呗订单按0.6%优惠费率收取服务费。

3. 营销工具

安心充：一种支付宝商家小程序会员充值插件，是帮助商家快速接入会员卡的营销工具。对消费者来说，当商户"跑路"，充值余额可以在支付宝申请返款，接入后支持在支付宝公域进行分发。

会员体系：2017年，支付宝会员体系上线，分为大众会员、黄金会员、铂金会员与钻石会员。会员体系主要目的是通过对用户的激励，激发用户的好奇与黏性。一套完整成熟的用户体系，可以将用户分级，做精细化运营，促进留存和消费，让用户从中获取情感和利益，同时也能实现平台的商业价值，从而实现平台和用户双赢。

优惠券：无资金商户优惠券是为商户提供的一种基于非金本位（券本身不对应实际的资金）的优惠工具，用户可在特定的交易场景下使用支付宝付款时使用此券优惠。无资金商户优惠券面额为10元，满100元可用。当前订单金额为100元，使用该代金券后，用户实际付款金额为90元。

资料来源：笔者在支付宝公司实地调研。

对中小企业而言，数字化要发挥作用，渠道数字化和流程数字化的协同推进有助于更好地打通产销环节，帮助其更高效地实现转型。但是，线上流量成本的不断高涨（见图2-6），数字化的运营成本高企，这对中小企业数字化转型非常不利。支付宝平台所提供的小程序，除了其开发成本低，还能够通过平台的流量计划，获得低成本甚至零成本的流量，从而进一步

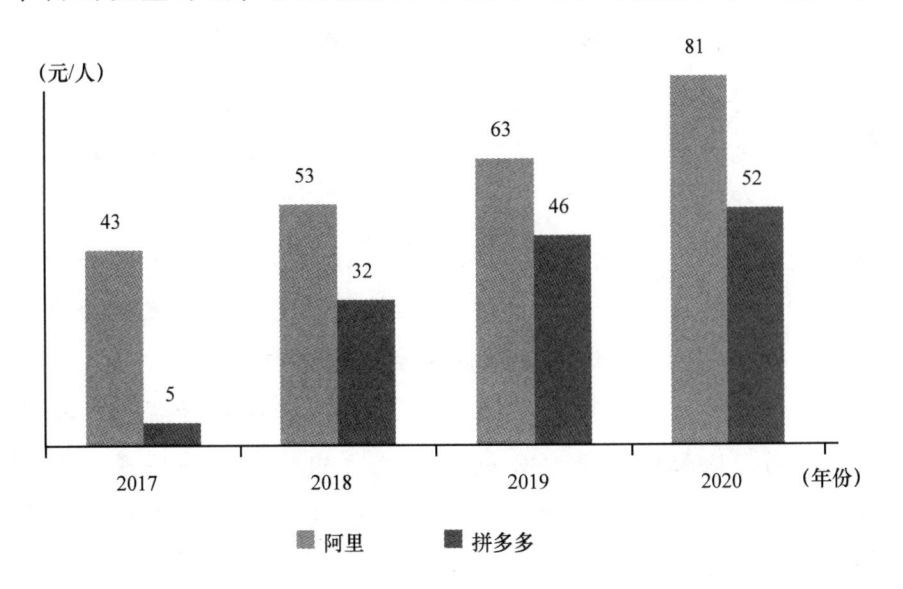

图2-6 头部互联网平台客户运营成本

资料来源：麦肯锡2022年消费者调研。

降低数字化的运营成本。支付宝建立了丰富的服务场景，用户群体更精准且高价值，流量转化率更高，而商家可通过"繁星计划"兑换流量、增加线上客源，积累自己的用户资产。据测算，"繁星计划"平均每天为商家小程序带去约100万用户，单个商家平均一年能省下约20万元营销费用。据统计，2022年，支付宝免费开放了近200亿流量激励（见"专栏：支付宝对商家的流量支持计划"），大幅度降低了商家营销成本。

低成本的数字化转型方案，尤其是降低运营成本，是数字化转型得以持续的关键。调查数据表明，由于运营成本高昂，大约90%的数字零售业务在推出120天后就失败了。[①] 支付宝的低成本数字化转型的模式，不但为中小微服务企业节省了前期的数字化转型投入，而且通过低成本的流量支持使数字化转型更可持续，避免数字化成为一阵风潮，要成为中小微企业的一个长期战略。

专栏：支付宝对商家的流量支持计划

2018年，支付宝小程序正式上线，成为商家借力支付宝开展数字化运营的核心阵地之一。自那时起，支付宝就明确了采用"中心化与去中心化"相结合的平台流量分发模式，并在2021年升级为"去中心化为主，中心化为辅"，以平台公域流量辅助和激励商家开展私域运营，将平台流量真正沉淀为自己的私域用户进行深度运营，从而形成良性的增长循环。

这套流量分发模式提倡商家通过自运营效果的提升，触发激励机制，从而获得平台公域的导流。相对于纯私域或纯公域的平台模式，公私域相结合模式的好处是，可以帮助小商家快

---

① "Retail Digital Transformation: Everything You Should Know in 2022", September 20, 2022, https://multivendorshoppingcarts.com/retail-digital-transformation/.

速积累种子用户、渡过冷启动期,并让各类商家获得爆发性增长的机会,解决商家获客难、获客贵的经营痛点。

2022年7月在支付宝年度合作伙伴大会上,支付宝宣布目前支付宝App首页搜索框、首页应用中心、首页消息提醒、首页推荐卡片、支付成功页、生活频道、消费券频道、会员频道8大"黄金流量位"均实现了面向商家的开放,也为代运营服务商提供了更多机遇。现在商家只要有小程序,生意就能很方便地延伸到支付宝App首页。

支付宝的公域流量,也具有几个差异化特点。

(1) 流量基数大:支付宝App拥有10亿国内用户,是国内少有的10亿用户规模App。

(2) 流量高价值:由于支付宝在过去十几年来积累了强交易心智,且支付宝生态内金融保险类产品丰富,支付宝用户普遍呈现出强消费黏性的特征。

(3) 公域流量多元化,具有根据不同场景、人群分层的特征,便于商家锁定目标客群,精准获客。比如支付宝既有"车主频道""出行频道"这类基于某个具体商业场景做服务聚合的流量场,也有"学生特惠""支付宝会员"这类基于某类人群来做开放的聚合性流量场。

2022年,支付宝启动了"繁星计划2.0"。支付宝平台提供超百亿公域流量,支持商家私域经营。商家引导用户通过扫码、主动搜索、我的小程序、生活号以及消息等渠道访问支付宝小程序,根据小程序月活增量,平台将相应的中心化流量免费兑换给商家做投放。自运营效果越好,商家获得的激励流量就越多。

资料来源:笔者在支付宝公司实地调研。

三是低人力资本需求的数字化转型减少了商家对数字化转型的顾虑,将数字化付诸行动。

从对商家的调研可以发现，有意愿、有能力进行数字化并能够独立运营 App 的商家不到 1%。很多商家不愿意或者没有能力进行数字化改造的原因在于，商家规模小、数字化基础较差，缺乏相应的人力资本积累，难以将数字化深入推进。支付宝平台形成了多元化的服务商体系，将数字化能力原子化，由服务商结合商家的具体情况，形成符合商家实际情况的数字化方案，赋能商家线上与线下一体化经营，并降低人力资本的需求。

平台降低了数字化方案开发的人力资本需求。平台提供了大量的基础工具与技术资源，通过聚拢和助力服务商，让商家获得门槛更低的解决方案，降低了商家在引入数字化方案时对数字化技术人才资源的使用成本。

平台降低了数字化运营的人力资本需求。数字化往往要求企业进行多渠道乃至全渠道运营，这需要较高的人力资本资源。而平台通过提供开放、高效的全域统一管理工具，降低商家多渠道割裂经营带来的人力资本需求。例如，在一般情况下，在多平台运营的商家以往需要在每个平台分别发一套券，分别制定领核规则，链路复杂，运营成本高，需要大量的人力资源。支付宝除了提供了基本的优惠券"制发领核"工具和数据，还提供了支持商家"全渠道运营"的各种工具。支付宝全面开放"商家券"，在不同的平台可以使用同一套制券体系，统一管理，支持商家、服务商打通自有 CRM 系统与支付宝 App 端，商家、服务商在自有 CRM 后台制券配券，可分发到支付宝公私域阵地、商家 App 以及外部平台，实现一张券全网投放，降低了发券的成本，降低了人力资源的需求，也提升了消费者领券的使用体验。

通过优化数字化基础设施，降低商家使用、部署、运维数字化经营阵地的人力资本需求。支付宝的小程序云引入新型基础设施理念，使小程序使用、部署、运维的成本更低。基于价值驱动而非价值驱动的理念，支付宝一方面开发了很多基础工具并开源给各方,如流量监控、报表,使小程序能够将技术与业务全面结合起来,并降低了小程序的开发难度;另一方面也提供了大量的接口和自定义空间,便于服务商和商家根据自身需要,对小程序进行个性化设定。

从总体上看,平台为不同层次的企业数字化实现了数字化普惠效果。从数字化工具来看,平台提供了从零门槛的数字化支付、零成本的数字化经营等基础工具,再到平台上服务商提供的各种专业化数字化工具,从而使商家能够实现从零开始的数字化演进路径。对具有较好数字化能力的企业而言,平台提供的小程序等数字化产品能够为企业降低20%—60%的数字化前期投入;对于具有一定数字化经营能力的中小企业而言,平台提供的基础数字化工具包能够为企业节省30000元以上的前期投入;对于数字化能力较低的小微商家,平台提供的零代码数字化工具,极大地降低了商家数字化的门槛;平台提供的免费数字化经营工具包,平均能够为每个商家节省前期软件支出4000—7000元。如果通过政策措施,鼓励平台上的更多商家应用这些基础数字化工具,将能够节省数百亿元的数字化成本。平台还通过费用、流量等方面的支持,降低数字化运营的持续投入成本。

2. 推动服务业数字化实现"四高"成效,加快服务业数字化进程

在既有的服务业数字化方案中,由于需要对企业内部的情况进行深入了解之后,才提出相应的数字化方案,从而使数字化转型所需的时间较长、效率较低。平台协同服务商,形成服务生态,能够针对行业和企业特点,实行不同层次的平台生态开放,提供见效更快、针对性更强的数字化方案,提高数字化的成效。

一是协同各类服务商,针对行业和企业特点,提出更具针对性的数字化方案，从而实现更高效精准的数字化。

服务业企业数字化转型的一个重要特点是行业种类繁多，企业规模不一，数字化的痛点与难点存在着较大差异，因此，需要针对不同的行业和企业，制定个性化的数字化方案和路径，实施精准的数字化转型。

不同行业的数字化运营有着不同的特点，需要利用平台所提供的支付、搜索、会员等工具，构建适合自己的高效运营链路，在降低成本需求的同时，提升数字化经营能力。2022年，支付宝联合服务商打造超400个行业解决方案，覆盖政务民生办事、生活服务、工具服务、购物、餐饮和交通出行等各种行业。支付宝平台上汇聚了1.2万家数字化服务商①，主要有支付服务商（如收钱吧、扫呗、好生意等）、开发服务商（如企迈、哗啦啦、点餐宝等）、推广服务商（如河南畅宝电子科技有限公司等）、代运营服务商（如钜汇、米雅等）、硬件设备服务商（如湖北果雨网络科技等）、内容服务商等主要类型。这些服务商来自各行各业，对不同行业数字化的痛点问题有着较深入的分析，从而能够提供丰富的精准数字化转型方案，服务商的专业化服务人员可以更有针对性地为商户提供咨询与辅助。在支付宝生态上，服务商也在全方位推动线上与线下协同，形成了SSB [SaaS服务商—地方性服务商（代运营服务商）—商家]模式。这种模式将SaaS服务商的技术能力、数据能力、产品能力和地方性服务商的地推能力、运营能力、用户服务能力等全方位协同起来，从而能够为商家提供更精准、更具价值的服务。例如，针对中小微餐饮商家的扫码点餐工具，在线上将订单直接送至后厨、防止错单/漏单、提升店内服务人员效率、降低人力成本。此外，基于扫码点餐，商家还可以沉淀交易数据、分

---

① 目前蚂蚁生态中服务商的注册数量已经超过20万家，1.2万余家服务商主要是在支付宝服务业数字化经营开放平台上提供服务的。

析消费者偏好、提升用户复购率。又如，在健身等高客单价、高信任需求行业，平台开发出了芝麻购、安心充等产品，解决了行业的痛点问题。

支付宝的生态开放战略也留下了商家和服务商进行个性化拓展的空间，从而实现更符合企业特征的个性数字化。平台重点将各种数据、技术、信用等基础能力进行原子化，由商家和服务商根据需求进行不同形式的产品化。技术开发者、数字化经营服务商可通过开放平台调用各种产品能力，自主或帮客户快速接入小程序、网页、移动应用等开发场景，使自身或客户的服务获得更广泛的应用，从而获得更大的自主运营空间。以搜索为例，平台只定义了基本的规范和设计要求，留下了很多自定义的字段，商家和服务商可以自行进行权益露出，对客户进行精准运营。又如，在消息层面，平台上的支付消息对商家开放，商家可以自行设计消息及权益，也可以在私域空间发送消息，从而实现精准触达消费者。当然，为了优化客户体验，平台会在消息发送频率等方面进行规范。在优惠券发放方面，平台重点提供优惠券的制、发、领、核等方面的基础能力，具体方案由商家和服务商根据企业的特点进行个性化设计。

平台可以提供更为精准高效的运营能力。例如，在精准发券方面，支付宝通过"棋盘密云"，提供安全可靠的隐私计算能力。在保障数据安全和获得商家授权的前提下，支持融合打通商家在不同平台、渠道的用户数据，同时开放精细化人群分层能力，帮商家分析构建全域用户画像，助力商家在潜客拉新、高潜人群促转化、老客复购、会员招募等全链路上的用户运营更精细，营销投放更精准。

二是支持商家快速从数字化转型中获得收益，从而减小数字化的摩擦成本，帮助企业实现数字化的高效益。

平台与服务商协同，减小数字化的摩擦成本。全方位的企业数字化转型需要企业协调各个方面的资源以及企业内外的协同，才能取得较理想的效果。① 中小企业数字化基础差，数字化转型需要从其数据收集、生产流程、管理模式等底层结构开始，工作量大、耗时长，从数字化实施到数字化转型实现需要7—9年，在短期内效益不明显，导致很多企业满足于现状，对数字化转型有畏难情绪，不愿开始进行数字化转型。而且，中小企业一般在数据收集、流程管理、内部规范等方面都不成熟，对数字化转型往往不知道从何着手。这容易导致服务业中小企业不同的部门对数字化存在不同的态度，数字化往往面临着企业内部的巨大摩擦成本，尤其是在短期内无法实现数字化收益的情况下，企业内部之间的冲突不但会加剧数字化的成本，也会使数字化的协同效应变差。因此，在服务业中小企业数字化转型中，企业能够快速从中获益，这是减小摩擦成本的一个重要方面。

平台开放流量运营能力，从而使商家能够快速获得流量价值，开放了数据、流量、会员、数字化运营等各类基础能力，能够推动商家快速从数字化中获得利润，避免数字化投入与产出不均衡的情况。平台帮助商户与线上大量消费者进行链接，企业能够明显看到数字化带来的客流增加和利润增长，有效避免中小商户的数字化"冷启动"困境。例如，在支付宝平台上，服务商可以针对商家的情况，为商家制定门槛非常低的流量数字化方案，如数字化优惠券。服务商通过复用地推渠道来触达商户，基于对商户需求的洞察，根据商家的具体情况，帮助设计个性化的优惠券并分发、吸引线下周边客流。由于优惠券可以和数字化支付结合起来，支付宝开放支付成功页、消费券频道等公域场景，支持商家券投放推广，通过半私域的方式点对

---

① "The Digital Transformation of SMEs", 2021, OECD, https://read.oecd-ilibrary.org/industry-and-services/the-digital-transformation-of-smes_bdb9256a-en#page2.

点发放优惠券，使发券更为精准，核销率更高。根据对典型商家的调研，在支付宝平台发放的优惠券，其核销率普遍比其他纯平台要高。优惠券对于商家而言，其引流效果非常明确，这能够激发商家对数字化的热情。例如，联华超市通过支付宝平台发放商家券，带动自身支付宝小程序月度访问量环比提升185%，新用户占比近一半，精准拉新获客。又如，服务商轩亚帮其服务的餐饮品牌接入商家券后，帮商家拉动日均券核销率高达94%，服务商所获得的返佣收益提升54%。再如，租赁商家八戒租用"商家券"的能力，在支付宝投放爆品低价券，交易量比平时增长20.8%。

平台提供的小程序等工具，扩大了商家的流量资源，成为商家的新增长点。例如，2022年3月，在支付宝平台的活动中，山西唐久便利一天发券超30万张，覆盖1/10的太原城区人口，小程序访问量暴涨近12倍，支付宝会员突破100万。又如，星星充电于2022年年初启动支付宝小程序运营，用三个月时间在小程序上实现9倍交易增长。借助线下大量的充电站场景，星星充电通过物料、地推等方式，向车主推荐"上支付宝搜星星充电""充电有优惠"，迅速吸引了大量车主用户。而后，借助五福IP活动等公域推广加速冷启动的同时，星星充电不断完善小程序的私域自运营，包括设置关键词搜索、装潢品牌box，坚持每周更新生活号图文，在支付成功页投放优惠券等。线上+线下组合拳，叠加"繁星计划"流量激励带来的持续曝光，星星充电小程序的月活数据很快超过了20万。

平台推动商家深化对线下流量运营，可以进一步提升服务体验，深度挖掘用户价值，增强用户黏性，提高核心竞争力。《哈佛商业评论》（*Harvard Business Review*）的研究表明，参与多个渠道的客户在店内的消费平均增加4%，在线消费增加10%。全渠道运营也能够增强客户黏性，拥有最强大的全渠道客户参与策略的品牌平均能留住89%的客户，而战略薄弱的公司只有33%。笔者通过走访部分中小商家发现，在餐饮行业，通过桌面点单系统，人均消费增加了10%—20%，因为消费者在点餐过程中，不受服务员的压迫感。在平台的协同下，商家将线下线上流量进行统一运营，能够快速增加用户和流量，带动了营收的增长。

平台协同服务商提供更为高效的数字化方案，能够使商家通过流程数字化获得较好的效益。平台上拥有专业化能力非常强的服务商，这些服务商能够为商家的数字化转型提供更为全面的支持，从而使商家快速从数字化中获得利益。从大盘来看，支付宝平台的大数据表明，平台联合服务商群体，针对服务业的复杂性，创新多种行业解决方案，开放数字营销、增值管理、资金能力等数字化进阶能力。2022年，在平台产生交易的小程序商家小程序成交GMV较2021年同比增长49.2%，促进各行业共同繁荣发展。支付宝平台服务商大人小店发起人戴政透露，通过在支付宝上的数字化方案，每家街边小店平均每月能多赚340元钱。

例如，支付宝平台上的服务商企迈，利用支付宝提供的基础能力及其在餐饮业数字化方面的经验，平均能够帮助餐饮企业增加240.57%的会员，订单增长121.89%，营收增长132.57%，客单价提升14%，降低成本31%。[①]

前期的很多类似研究成果验证了本书的前述结论。清华大学课题组的研究结果表明[②]，运用数字化平台可帮助服务型小微商户额外提高10.9%的营业收入和14.4%的交易笔数。中国人民大学课题组通过对4172家开通了支付宝等小程序的商家进行

---

① 资料来源：企迈创始人王友运在信息化百人会上的演讲，以及笔者对企迈的访谈。

② 《"坐贾"与"行商"：服务业数字化平台助力小微企业绩效提升——基于阿里本地生活平台的实证研究》，清华大学社会科学学院经济学研究所、阿里巴巴本地生活新服务研究中心，2020年12月。

调研①，发现这些商家大多集中于生活服务类。调查发现，小程序对提升生活服务类企业的效率、经营模式升级、拓展客流等具有重要意义和价值。小程序带来了营销方式从线下到线上、从粗放到精准的变化。37.1%的企业经营者认为，在引入支付宝小程序后促销、打折活动更方便了；31.2%的企业经营者认为，引入支付宝小程序帮助他们吸引到了新顾客。小程序将顾客体验更及时地汇总到经营者，引发产品和服务改进、迭代的加速。38.1%的经营者认为，使用小程序后能够更方便地根据顾客评价改进产品和服务；32.1%的经营者认为，使用小程序有助于开发新产品或调整产品结构。小程序所推动的整个经营流程的数字化，提升了小微企业内部的管理效率。42.8%的经营者认为，使用小程序后管理效率大幅提高；1.3%的经营者认为，使用小程序后管理效率小幅提高。小程序所积累的经营记录，使小微经营者更容易获取信用贷款，改善了小微经营者因为缺乏抵押物而难以获取授信的融资窘境。53.8%的经营者认为，使用支付宝小程序后更容易获取互联网金融平台的贷款；7.4%的经营者认为，使用支付宝小程序后甚至更容易获得传统银行的贷款。综合以上因素，使小微企业在数字化后实现了营收规模的扩大。71.9%的经营者确认使用支付宝小程序后，营业收入有了10%以上的增幅。

三是利用技术、数据与各方协同的力量，实现高信任的数字化。

平台解决服务消费的信任问题。数字化转型往往意味着企业要将其业务进行数据化，并将数据开放给为其提供服务的服务商，这需要有一个强的信任关系。服务消费是一种体验性消费，部分服务销售模式还涉及先付款再消费，即使在线上，服

---

① 中国人民大学劳动关系研究所联合课题组：《数字平台就业价值研究报告——基于蚂蚁集团生态的分析》，2023年1月。

务消费的供需之间的信任关系也难以确立。在线上，供需各方之间的信任关系建立要求有着更强的机制。研究表明，超过81%的在线购物者在他们不熟悉的网站上购物时会感到焦虑。①支付宝平台将芝麻信用开放给商家和服务商，有利于各方之间建立强信任关系，从而打造可信任的数字化。

芝麻信用是支付宝开放的商业信任能力，具有全链路风险识别、后链路召回、全场景限权、按约奖惩等体系化能力。能够帮助商家在控风险的前提下，通过先享后付放大客群和成交规模，降本增效。芝麻信用能力，已经被各行各业的商家广泛应用于信用租物、信用回收、信用住宿、信用购物、医疗、公共出行、旅游服务、文娱等多个领域。

芝麻先享，即用户先享受商品和服务、后付费，平台上已有超1400万种商品或服务已支持芝麻先享。该模式有效地降低用户使用决策门槛，部分解决了服务质量体验性而带来的决策难题，从而增强用户消费时的安全感与信任感，提高用户的下单转化率，并以此增加商户的交易量。例如，服务商西安合璧信息科技有限公司旗下产品小酷约课，以芝麻先享为基础，为瑜伽场馆提供拉新、转化、留存、管理全生命周期解决方案，助力瑜伽行业数字化转型，帮助乐瑜瑜伽的到店转化率达到69%，商家每月收入增加30%。

芝麻免押，通过芝麻信用授权，让用户先用服务，无须交押金。该产品帮助商家控制风险的同时，降低用户使用服务的门槛。目前，租车、租物、充电宝、景区、酒店等已支持芝麻免押。在出行、酒店住宿、旅游等领域，芝麻免押已为上亿名消费者累计免掉了4000亿元的押金。接入芝麻免押能力的商

---

① "Digital Transformation in the Retail Industry: Trends, Challenges, and Examples", March 23, 2022, https://oroinc.com/b2b-ecommerce/blog/digital-transformation-in-the-retail-industry/.

家，用户订单平均增长120%，客单价提高42%。

高信任的数字化对特定行业具有非常大的降本增效作用。例如，租赁行业通过数字化有较大的降本增效空间。租赁行业需要信任作为基础，风控成本高，租赁公司自行做风控，链路长，需要用户提供营业执照等各种资料风控，大多时候两天都完成不了，时间成本、人工成本高，用户流失率也很高。利用支付宝平台的信用能力，能够有效降低其风控成本。在运营模式上，传统的租赁模式都是倾向于线下交易，并且每个月都需要催收租金，有时候甚至会忘记收租，收租流程极其不方便，导致大多数订单交易流入线下，未沉淀于线上。租赁公司无法进行用户深度运营。其他生态环境中搭建租赁平台，获客成本高，有时一个点击成本需20—30元，流量增长极为缓慢。从需求来看，年轻、高净值的用户群体，是租赁行业渴望的目标群体。近几年来，"以租代买"等越来越受到年轻群体的青睐。例如，数码租赁平台"爱租机"接入芝麻免押能力后，直接下单的用户比之前提升了30%—40%，前8个月的免押率、准入率都提高了20%，同时不良率下降了近10%。而支付宝的技术能力，又能够帮助商家预防风险。例如，2022年5月，"爱租机"就借助芝麻信用的异步风控能力，拦截了17笔高风险订单，大幅降低了共租用户的风险。

宠物经济是平台通过开放信任能力和机制，助力行业和商家降本增效的另一个案例。根据相关报告，2010年至今，中国宠物消费市场规模不断扩大，2020年市场规模超过2000亿元。猫狗人均单只年消费金额已经从2017年的4348元增长至2018年的5016元，2020年达到6653.9元。宠物消费占居民总消费的比例达到0.42%。笔者调研发现，养宠物的"95后"给宠物花的钱比自己多，宠物服务成交额增速比要远高于生活服务整体。

随着年轻人逐渐成为养宠主力军，"富养宠物，穷养自己"

已经在年轻人心里成为一种共识，他们越发舍得给宠物花钱。也正是由于养宠观念的精细化，在年轻人眼里，养宠物就像在"养孩子"。他们更加注重宠物的生活质量。从定期护理到美容，再到过生日、上学，宠物们的生活越来越丰富和具有仪式感。因此，宠物的"类人化"趋势越发明显。由此，对于宠物服务，安全、安心、全链条周期的诉求也越来越大。宠物行业产业链条围绕宠物生命周期布局，覆盖食品、用品、医疗、洗美等多种需求展开。支付宝平台数据显示，2022年以来，"宠物"相关的搜索增长超10倍，其"安全""强服务"心智，以及芝麻信用、宠物鼻纹识别技术等能力，吸引越来越多的商家布局宠物服务，推动了宠物服务行业的健康快速增长。

例如，"撸宠"是一家为遗弃宠物提供领养服务的平台。中国每年有5000万只宠物遭到遗弃，宠物领养具有较大的市场空间。但以往常见的领养平台送养人与领养人之间缺少信任背书，宠物活体本身又带有商品属性，容易在领养过程中引发一些争议。此外，市面上领养类App或小程序提供的能力大多只是一个领养信息发布平台，没有形成实现整个领养链路的能力。"撸宠"从创办之初就跟支付宝合作，也是首批接入芝麻证能力的支付宝小程序之一。通过使用芝麻证，可以使送领养双方快速建立信任桥梁，快速评估风险等级，规避传统领养平台的虚假信息多、广告泛滥、领养后续维护困难等难题。用户体验的提升不仅使平台领养成功率提高了30%，还给"撸宠"带来了100万+的月活。又如，以"医疗+保险"为核心切入点的"云宠宝"，通过支付宝小程序提供宠物美容、寄养等全面服务，带动用户访问量超400万。并通过支付宝生活号进行宠物日常生活的慢直播，摄像头对着猫咪，直播间挂上服务购买链接，单场直播场观达到6万。

除了芝麻产品之外，支付宝平台还推出了"安心充"等产品，进一步推动需要高信任机制的场景和行业加速数字化。

储值型消费有助于商家筛选高黏性、高净值会员,提高经营的稳定性。"安心充"是支付宝针对商家会员运营场景提供的数字化储值卡产品,顾客充值后,资金由第三方合作银行提供资金担保,随时可退款,减少了很多顾客在充值时对于商家"跑路"的顾虑,提高了充值积极性。据统计,中小商家(有收款码的商家)接入支付宝安心充能力后,平均用户消费频次提升1.1倍,客单价提升58%,用户消费金额提升174%。资金安全保障达到100%。

专栏:人人租通过支付宝运营实现降本增效

人人租是一个提供信用免押租赁服务的平台。此前主要基于企业信用为B端中小企业提供办公室设备租赁服务。此后,人人租业务从B端向C端扩展。目前,平台商家网点超过2万,覆盖220个城市。

2018年3月,人人租上线支付宝小程序,目前已是一个提供全品类信用免押租赁服务的平台,对接上游租赁厂商和设备制造商,服务下游B端企业和C端个人,为他们提供办公设备、手机数码、智能硬件、家居家电、旅游户外等产品的以租代买服务。用户可凭借芝麻信用享受免押金,并按月支付租金,让用户享受更轻的新型消费模式。把信用变为资产,是人人租一直秉持的理念,"创业无压力,租享轻生活"。

上线至今,人人租小程序日订单量达到2000单,用户增长20倍,交易订单量增长15倍,实现了依托于App和原有渠道三年都无法实现的增长规模。上线后平台把原有用户群体往小程序导流,并在支付宝端内拉新,跑了一段时间后用户快速增长,目前人人租团队已经形成"人人租机""企业信用租"等小程序产品矩阵。接入芝麻信用的风控体系后,人人租的风控效率大幅提升且逾期率降低了10倍。同时,人人租发现在支付宝生态内有一批20—25岁的年轻用户已把数码租赁作为新消费模式，人人租由此以小程序为载体开辟了具有巨大增长潜力的C端业务。

如今在人人租的支付宝小程序上，已能租到200多个品类产品——租手机、租电脑、租平板……它已成为新租赁行业的头部企业。

支付宝运营工具帮助人人租在拉新、留存、促活、转化方面有了质的提升。

拉新：

人人租在微博、微头条、神马搜索都尝试过投放，找到能直接跳转到支付宝小程序的渠道，或者引导用户上支付宝搜索人人租小程序，通过服务直达、品牌直达的支付宝搜索工具，不断强化用户的搜索心智。现在搜索入口占到总体流量来源的25%。

另外，支付宝首页生活服务也是拉新的一个要点。通过支付宝运营后台上传页面素材，审核通过便可在支付宝首页展示。真正意义上做到0成本拉新，给支付宝小程序流量赋能。加上利用各式租赁营销活动，好比"1元租"，给新人发注册礼包优惠券等，这样就算用户进来没有明确的需求，也会被激发。测试下来，享受过这项服务的用户，续租率达到65%—70%，之后按正常价格续租，一天平均的客单价会超过10元。

同时，人人租也从线下渠道引导用户扫二维码进入小程序，比如园区、孵化器、数码手机、电脑城和小卖铺等。

留存和促活：

租赁本身不是高频需求，很多短租产品（30天以内）的复购率是30%，这个水平在行业里算很高了。像手机、电脑、相机、无人机，都是平台上比较高频的品类。促进留存上用了支付宝"收藏有礼"的工具，收藏后用户可以领取无门槛优惠券。完成了收藏动作后，一个关键的环节是激活用户，这块主要通过"消息模板"工具通知触达用户，这个效果比短信通知更好，因为现在很多用户担心短信里的链接有诈骗风险，不敢点开。再加上配置"收藏后专享券"，让收藏过小程序的用户再一次享受到优惠，促活下单。

生活号：

目前，人人租通过生活号来持续运营用户，通过直播、视频种草等方式开展内容营销。其中的一场直播，人人租吸引了156万人次观看。

<small>资料来源：笔者在支付宝公司、人人租公司实地调研。</small>

平台将信用能力与技术能力相结合，推动了需要高度隐私信任的行业快速发展。以手机回收为例，据抽样调查，中国现有20亿部废旧手机存量，且每年以2亿—3亿部的速度增加。36%的家庭有1—2部闲置手机，37%的家庭有3—5部闲置手机，27%的家庭有超过5部以上的闲置手机。中国废旧闲置手机总体回收率为5%，53%的消费者选择将闲置手机放在家中不管，而发达国家回收率已达到50%。导致手机回收率低的一个重要原因是数据隐私方面的担心。二手手机涉及大量的个人隐私，消费者不愿意将其放入二手市场。据调查，47%的消费者因为担心隐私问题而不愿意使手机进入二手市场。40%的消费者认为二手手机如果信息处置不当，将会带来经济及其他方面的损失。为了解决这一行业问题，让商家更规范可信，让消费者更安心地回收，手机回收行业商家将支付宝特有蚂蚁链能力和商户自身隐私处理能力进行结合，将隐私清除的视频和节点放到蚂蚁链进行存证，保证隐私清除过程的专业性和规范性，并通过隐私+蚂蚁链存证双证书，解决了行业商户痛点的同时，也让消费者回收得更安心。

例如，速回收成立于2015年，是专业做数码回收的平台，业务模式是通过对手机等数码产品进行初步评估，然后再由双方确认后，帮助用户快速将闲置的二手电子设备变现。结合支付宝提供的数字能力，速回收支付宝小程序已实现用户下单即能获得信用预付款，获取蚂蚁森林能量球，由速回收代替用户向阿里公益捐款2元，全程可追溯的透明公益，最后还能由专业的公司对手机进行数据清除，保护用户隐私。从下单到交易，全链路借助能力的提升，建立良好的用户体验和品牌印象。从2022年年初到10月，速回收小程序业务订单量突飞猛进，下单率和客单价同步增长。小程序MAU较2021年实现5倍提升，来自支付宝小程序的订单已经占速回收总订单的一半。

支付宝平台还将其特色的公益能力和信任能力结合，解决了衣服回收等行业的痛点问题，从而实现更多的社会经济价值。

旧衣服回收具有较高的环保效益。Green Story公司估计，服饰时尚产业占全球温室气体（GHG）排放量的10%，到2050年将占26%。而普通消费者的衣服平均穿着次数为7—8次。如果能够循环利用，可将其碳足迹减少82%。中国旧衣服回收行业发展至今大概二十年，时至今日依然有很多用户认为回收旧衣服后的处理方式就是捐给山区人民，但实际情况并不是这样。一是目前中国已实现全面脱贫，随着经济的发展，偏远地区人们的生活水平也在逐步提高，几乎没有人再需要旧衣服的捐赠。二是正规渠道回收到的衣服需要经过三道严格清洗消毒环节才能捐赠出去，再加上运输费用，整体成本还不如直接捐钱或者捐新的衣服。市面上很多伪公益的回收公司不具备正规的募捐资质，但会利用用户的捐赠心理促使其进行旧衣回收，回收的衣服会进入不透明的处理链路，并没有按照对用户的承诺进行实际捐赠。这类伪公益造成的恶性循环，不仅让用户对旧衣回收的合理性产生怀疑与误解，也让政府对旧衣服作为可回收物在垃圾分类中没有得到正确引导处理而非常头痛。同时，旧衣回收箱是旧衣回收途径之一，但旧衣回收箱造价高，且普遍不具备用户交互系统功能，难以转化、沉淀成商户的数字资产。

在支付宝平台，线上消费者可以通过回收行为获得森林能量,或者选择让商家代替消费者在支付宝公益项目进行一笔代捐,低碳和公益行为带动消费者更愿意进行旧衣回收,参与绿色循环,推动行业正规化。此外,线下消费者可以通过商户落地在小区的智能回收箱进行回收,通过AI扫描二维码进入小程序对捐献物进行拍照,系统会自动估算出投递物的重量,并给到能量。将原本不能被数字化的线下回收箱场景数字化,提供给居民更好的体验,也让政府能够对线下低碳行为数据进行了解。

例如,鸥燕是一家互联网旧衣回收平台,主营线上预约免费回收、箱体回收、政企回收服务。在支付宝,通过接入"蚂上回收捐"产品,用户每完成一次回收并确认捐赠,回收商即出资2—3元助力到用户指定公益项目中。捐赠与支付宝区块链技术结合,用户从回收到捐助全过程数据信息可追踪,让旧衣服助力真公益。再凭借蚂蚁森林、支付宝会员积分等功能,比如每回收1000克旧衣服即可得到158克蚂蚁森林能量,激发用户投递积极性。在智能回收箱上,通过AI图像识别技术将用户回收重量与权益等价绑定,实现用户数字资产化。截至2022年6月,鸥燕共计投放箱体量8000+组,在大湾区的市场占有率已达到60%,服务约2500万+居民。线上预约回收日均1500单,合计线上线下年回收量超过2万吨。又如,飞蚂蚁是最早入驻支付宝小程序的回收类商家之一,目前业务涵盖旧衣服、旧书籍、旧手机、毛绒玩具、旧家电、旧家具六大回收品类。从2018年接入支付宝小程序以来,飞蚂蚁通过与支付宝的蚂蚁森林、公益板块相结合,带来用户快速增长,小程序日活用户增长了300多倍。

四是推动产业互联网与消费互联网融通、公私域流量互动,实现高融合的数字化。

支付业务是基础性的数字化业务,收款码服务本身较原有的银行卡等支付渠道具有低成本优势。银行卡刷卡服务,POS

机一般需要几百元到几千元不等，手续费率一般在0.5%至2%。2017年，支付宝面向小微商家推出低门槛数字化经营工具"收钱码"，其费用要远低于银行卡服务，为中小企业降低了数字化运营成本。

2021年8月1日起，支付宝面向符合标准的小微企业和个体工商户推出网络支付服务费九折等让利服务，并继续延续收钱码免费提现举措至2024年9月30日，且不设单笔上限和单日上限。降费举措对符合条件的商家直接减免，无须额外申请。2022年6月10日，支付宝开放平台宣布面向小微商家推出"三零服务"，平台通过提现免费、被盗全赔、免费权益等为小微商家降本提效。除支付宝收钱码提现免费等降费措施外，商家用支付宝收钱码收钱获得的商家积分，可兑换数十种经营物资。此外，支付宝还将延续一直以来的承诺"你敢扫我敢赔"，为商家提供安全保障，如收钱码被恶意替换、调包，收钱码账户的资金被盗，商家最高可获赔200万元。在一年多的时间里，支付宝累计为超2900万小微商家、个体经营者等降费让利超100亿元，直接降低了企业的经营成本。

支付业务是商家数字化经营的起点。支付宝商家服务陆续开放近2000个数字工具，如物料商城、店员管理、语音播报、合同管家、商家转账等，大部分为免费工具。工具涵盖营销、推广、管理、货源、资金管理等，数千万小微商家可使用工具提高效率、降低经营成本。支付宝"红包码"工具也深受小微商家欢迎，通过红包码，小微商家可以参与到平台促销活动中，降低成本增加收入。2022年1月，"集五福"IP向商家全面开放，小微企业和个体工商户也能通过"红包码"参与到集五福的活动中，提高小微企业的营收。

在流量运营方面，支付宝的突出价值是将流量从公域引到私域，用户打开支付宝下单有明确的选择某一个商家的诉求，从搜索领福利到下单转化，路径清晰，不仅为消费者提供流畅的消费体验，还能利用自身的公域平台优势，为商家提供更多流量扶持，推动商家进行私域流量运营，并形成了商家数字化自运营模型"C-CARE"。从小程序上线开始，支付宝就明确了采用"中心化与去中心化"相结合的平台流量分发模式，并在2021年升级为"去中心化为主，中心化为辅"，以平台公域流量辅助和激励商家开展私域运营，将平台流量真正沉淀为商家的私域用户以进行深度运营，实现公域流量和私域流量的正反馈循环（见图2-7）。

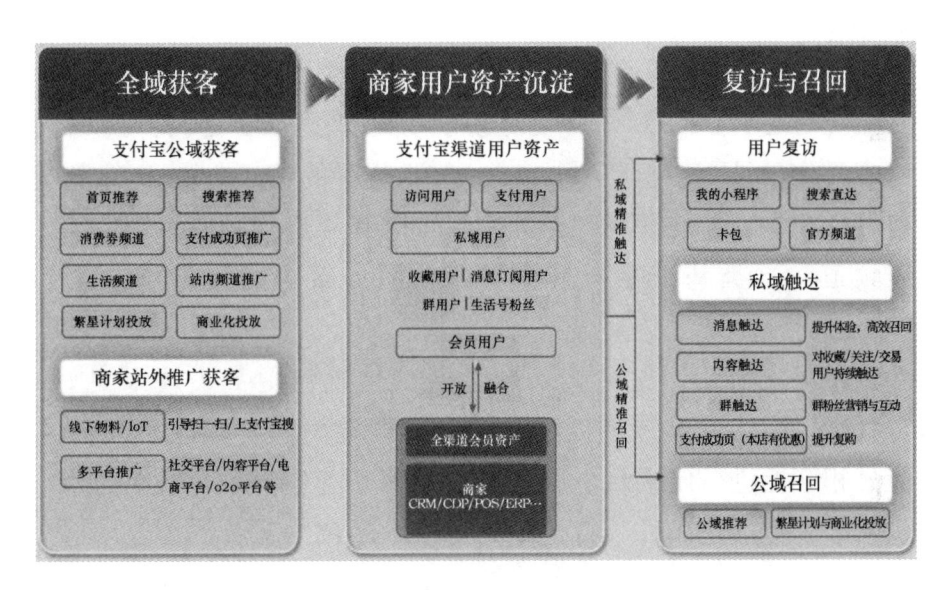

图2-7 支付宝私域为主、公域为辅的全链路运营示意
资料来源：《支付宝私域运营白皮书（2022）》。

相对于纯私域或纯公域的平台模式，支付宝首先提供了大量低成本或零成本公域流量，使商家可以冷启动期间快速建立小程序的运营。这有利于帮助小商家快速积累种子用户、渡过冷启动期，并让各类商家获得爆发性增长的机会，解决商家获客难、获客贵的经营痛点。其次，支付宝还通过IoT设备，引入刷脸支付等自动售货货柜，既改善了用户体验，也使线下的流量能够向线上转化，解决商家难以了解线下用户的问题。在支付宝生态的 IoT 设备上，用户通过刷脸即可实现会员登录，或者会员拉新，实现会员线下线上打通，线下屏幕上的领券率能够达到 33%，达到线上的一倍以上。再次，通过内容运营达到品效和品宣合一的效果。支付宝的生活频道强调内容更为贴合消费者的需求，体现商家和支付宝的特色服务，从而使内容成为流量运营的一个重要支撑。最后，支付宝的技术能力也为私域运营提供了非常好的基础。例如，"鲜丰水果"使用 AI 智慧收银系统，3 秒就能刷脸注册成会员，这使一家店新顾客增加了 67%。

从流量的特点来看，支付宝用户人群以 15—45 岁居多，具有强交易心智，购买力以及对新事物的接受程度更高。公域流量多元化，具有根据不同场景、人群分层的特征，便于商家锁定目标客群，精准获客。比如支付宝既有"出行频道""医疗健康频道"这类基于某个具体场景做服务聚合的流量场，也有"学生特惠""支付宝会员"这类基于某类人群来做开放的聚合性流量场。因此，支付宝私域运营的精准性更高，效果更好，有利于提高流量运营的匹配能力、持续能力。公域流量和私域流量相互促进，使平台、服务商、商家快速突破数字化的瓶颈，步入数字化的正循环，打造更为健康的平台生态。

专栏："C-CARE"模型

商家数字化自运营模型"C-CARE"是支付宝平台开放的底层逻辑，该模型致力于帮助商家做好可运营用户资产。

"C-CARE"模型以用户价值为中心（C），从扩大用户规模（C）、促进用户活跃（A）、激发用户潜在价值（R）和提升经营效率（E）4 个维度入手，帮助商家解决从获客、转化、复购到用户沉淀的问题，支持商家数字化的可持续发展。开放私域运营、公域推广、关系建立等所需的系列产品，以及营销工具、效率工具、资金工具、数据与安全等工具能力，为商家在支付宝上做精细化用户运营提供整体方案。

支付宝 Open

C CUSTOMER 可运营用户资产 = **C** SCALE 用户规模 × **A** ACTIVE 用户活跃 × **R** WORTH 用户潜在价值 × **E** EFFICIENCY 经营效率

商家小程序	私域运营 搜索 小程序码 支付有礼 设备运营	公域推广 活动报名 日常推广 激励与商业推广	关系建立 我的小程序 生活号 消息	营销工具 商家券 支付券 会员卡 安心充 红包	效率工具 数字车票 电子油卡
		支付产品 当面付 App支付		特色产品 会员身份 绿色能力 芝麻先享 芝麻GO 芝麻免押	资金工具 资金管家 商家分账
					数据与安全 棋盘密云 身份认证

资料来源：支付宝。

支付宝会员能力帮助企业进行用户流量深度运营。支付宝会员，是基于支付宝用户打造的会员账户体系。支付宝 App 有超过 9 亿会员用户，这些会员有强交易心智，呈现出高客单价、高复购率等特征。支付宝多年的数据沉淀使支付宝能够对会员进行更精细化的分层运营。目前支付宝的铂金和钻石会员近 5000 万人，这个群体呈现出典型的高价值特征（高消费力、高收入、高活跃）。65% 为 25—40 岁的家庭消费主力，近 60% 的人口常驻一二线城市、70% 每月超高频打开支付宝 App、50% 每月超高频通过支付宝消费。这使支付宝能够通过开放会员体系，帮助商家在支付宝 App 内精准拉新，进行高净值人群的分层运营。

在对会员体系的开放上，一方面支付宝向商家开放了"会员频道"公域流量场，该频道面向支付宝不同等级的会员人群提供精准服务，营销互动率为 60%，权益兑换量达 50%，可以为商家私域会员实现精准拉新、低成本促活。此外，支付宝开放了会员等级匹配能力，以及积分商城和月度特权等产品。商家可以把自身会员等级与支付宝会员等级匹配，实现精准拉新和分层运营。商家也可以通过积分商城推出品牌权益，提高曝光率、权益兑换率和 GMV。数据显示，已有超过 500 个商家与支付宝会员合作，权益覆盖酒店、餐饮、生活服务等多个场景。商家在支付宝会员的客单价最高可提升 50%、复购率最高可提升 20%。

另一方面，除了开放会员频道的公域流量外，支付宝还向商家开放了支付宝会员等级体系和积分体系，帮助商家进行分人群的精准营销和数字化运营。ONE 计划是基于支付宝会员等级体系构建的品牌超级会员联盟，品牌赋予会员独家优质权益与特权，而平台则在对会员精准分层和持续活跃运营的基础上，实现会员等级和人群标签的赋能，为品牌持续带去高价值人群转化，助力成交率与客单价的提升。

例如在泛娱乐行业中，ONE 计划通过在支付宝会员新增娱乐充值中心、影音会员特权等流量场景，并基于积分兑换、会员等级标签等平台开放能力，为泛娱乐行业各大商家提供"积分+现金兑换""会员等级特权"的合作模式，上线会员直充、自动续费等能力大幅提升交易转化率。各大商家平均会员兑换用户数+50%，GMV 上涨 34%，实现品牌用户与交易规模双增长。基于支付宝会员互通、等级营销活动等能力，为"酒店行业"各大商家提供多种合作路径，过去一年多帮助各大酒店获取高价值的新会员，共帮助酒店行业拉新会员 381 万人，平均每个酒店品牌拉新 54 万人，成为合作酒店主要会员拓展渠道。

支付宝还推动了会员积分试点，助力商家数字化转型和精细化客户运营。会员积分可作为商家与用户连接的一种介质，支付宝用户可基于会员积分兑换商家提供的服务和权益。基于支付宝会员积分的用户心智，通过联合商家在电商类（品牌自营、回收、租赁）行业典型客户的小范围尝试，明显看到积分对于商家的价值。商家合作积分前后，试点商户留存率平均提升 8%，促交易转化平均提升 3.3%，最高为 5.8%，同时试点的商家借助积分介质更好地完成商家私域资产的沉淀（入会、订阅、收藏、关注）。

3. 打造价值共创系统，共创社会经济价值

在支付宝平台，平台、用户、商家和服务商等多方主体形成了一个价值共创体系。价值共创系统是复杂网络环境下聚合各种资源而形成的一种优质服务生态系统，在海量非线性的信息资源交互中形成了庞大的价值网络，从而为多元利益相关主体的互动和价值共创创造了机会。价值共创系统参与主体种类繁多，平台作为"关键主体"，在价值共创互动关系网络中发挥重要的连接聚合作用，为多元利益相关主体之间进行服务交换和资源整合提供了良好的交易机会。带动了主体角色、关系网络、共创能力层面的交互；由多元利益相关主体互动实现价值共创，需要多种要素的相互配合，在多次数字化循环过程中深化互动层次和价值，最终实现由主体浅层互动到主体与信息资源深层互动的价值共创。基于价值共创系统，对于用户而言，平台不再只是承载优惠、团购的消费工具，也是场景消费的重要入口，更是品质生活与理性购买决策的载体，还是参与互动、社交的空间。对商家而言，支付宝平台不仅是流量入口，也是场景化营销的服务者，还是数字化转型基础工具和特色能力的提供者，各类资源的聚合者。对服务商而言，平台提供了数据、技术、会员体系等各类基础资源，连接了用户、服务商和商家。平台生态涉及诸多主体，平台通过建立一整套机制，对生态内的各个主体之间的交易建立规则，从而提高生态系统的质量和效率，高效解决B端的效率与C端的体验之间的矛盾。通过各方努力，推动流量价值共创、场景价值共创、营销价值共创、规模价值共创、个性价值共创、信任价值共创、数据价值共创，达到"用户体验优、商家生意好、服务商有利益、平台再扩张、生态更健康"的价值共创系统状态。

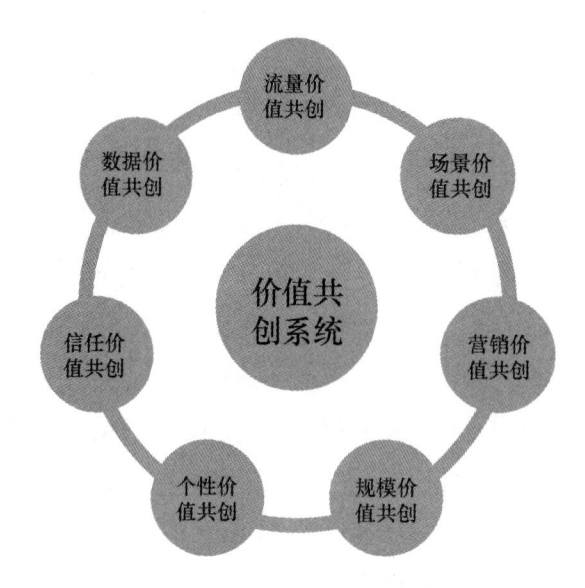

图 2-8 支付宝形成的价值共创系统

流量价值共创，平台、商家、服务商将私域与公域全方位协同和联结，对平台上的流量进行深度运营，从而使流量价值最大化，实现流量价值共创。平台提供了非常多的工具和场景，使商家能够更有针对性地开发出更好的流量运营工具，有效降低服务体验门槛，将营销工具变成体验工具。

场景价值共创，消费者在特定场景下爆发出来的需求，被平台、商家、服务商感知，通过产品和服务的持续创新，更好地满足消费者的场景需求。平台、商家、服务商利用数字技术，持续感知用户，不断挖掘、创造新的消费场景，扩大场景消费，从而推动场景价值共创。与低价带来的福利收益相比，适合场景的消费为消费者和生产者创造的总福利收益，显著高于单独估计的消费者福利收益。

营销价值共创，在支付宝平台，营销活动可由消费者直接参与，供需双方都可以从较低的搜索和交易成本中获得不断增长的收益。平台和服务商帮助品牌商直达消费者，从而使更多的营销资源从消耗在渠道内部到让利于消费者，从而实现营销价值共创。

规模价值共创，支付宝平台拥有十亿级的用户规模，商家和服务商对具有同类特性的用户进行挖掘，提供满足共性需求的产品，实现规模价值。服务商提供可模块化的数字化方案，在平台内满足更多的商户数字化需求，从而实现规模化价值。而平台上会聚了大量的商家，可以获得更多的数据，提供能够让更多商家同步使用的基础工具和技术，规模效应十分明显。

个性价值共创，支付宝平台通过显示消费者消费行为的动向和趋势，推动市场提供新的商品和商品组合，满足消费者的个性化需求。针对不同行业、不同企业的数字化转型需求，服务商通过平台的数据、技术等各个方面协同，提供个性化的方案，从而给数字化转型带来更丰富的价值。

信任价值共创，支付宝平台利用其信用能力，为信用消费提供制度化信任保障，从而提升消费需求。利用平台的制度化信任能力，推动高信任需求行业数字化，降低交易成本，从而实现信任价值共创。

数据价值共创，支付宝平台、服务商、商家都积累了大量数据，平台提供了数据开发、数据共享等方面的基础技术工具，以及数据安全和数据保护方面的可信机制，从而有利于数据的共享、开发、融合、复用，使各个主体都能够发挥其在数据方面的特长，使数据价值更好地发挥出来。

在价值共创系统中，商家先从支付宝公域获得基础流量，再通过私域运营，发挥品牌的个性化运营能力，将公域流量沉淀下来，转化为私域流量，而这进一步扩大了公域流量的来源。平台通过建立一个流量激励系统，鼓励商家多劳多得，换取公域流量。这样，公域流量与私域流量之间实现无缝链接，形成正反馈循环，实现了流量价值的共创。在流量运营过程中，结合平台的技术能力、会员能力、信用能力等特色能力，能够提升复购率、客单价等核心指标，从而实现价值创造。

消费者则利用各类反馈机制（正向反馈和负向反馈），对平台、商家、服务商提供的各类服务进行互动，从而使这些服务更加精准和高效。品牌商和大型商家在与平台合作的过程中，还可将营销资源直接让利给消费者，使消费者获得更大的优惠。消费者还能够获得场景化消费的价值，平台上会聚了大量的线上线下商家，能够满足不同场景下的消费需求。

在平台的加持下，服务商的价值进一步凸显。通过与平台的全方位协同，形成数字化服务生态，服务商可以对商家进行更精准的服务，扩大其所服务的用户规模，从而在帮助商家成长的同时，获得相应的利益。服务商在平台上能够获得规模价值共创、流量价值共创、数据价值共创等利益。由于平台上会聚了大量同类型的商家，这些商家在数字化需求方面虽有差异，但是基本的数字化要素是相同的，这样，服务商能够将其开发的数字化方案，通过不同的组合与调整，适用同类型的用户，从而获得规模价值。服务商在平台上还能够获得个性化价值共创的利益。平台上的部分行业，其数字化具有特殊性，服务商利用平台的特色能力，为这些行业提供更具可靠性的数字化方案，从而推动这些行业数字化，并获得相应的价值，如健身业。支付宝平台已将与服务商共建数字化生态作为其战略，这将有利于快速推动服务业数字化。支付宝平台已提供六大能力（技术支持、流量开放、产品开放、现金和政策、培训体系、市场资源）助力第三方数字服务商，并规划在2023年投入百亿资金资源，共建1000个具有市场竞争力的行业解决方案。这不但降低了服务商的前期开发成本，更有利于服务商更好地开拓数字化服务市场空间。

平台作为生态的主体，其价值体现在多个方面。对支付宝平台而言，平台开放始于流量开放。然而，与其他平台不同的是，支付平台开放的出发点并不是基于流量价值化，而是通过开放平台，更好地服务于商家的数字化转型。因此，平台开放不单纯是流量，而且包括各种基础能力，如会员能力、信用能力、技术能力、工具等。从平台自身而言，利用技术手段将分散在平台上的消费能量，通过生态系统进行挖掘，并通过各种货币化方案予以重新利用，是平台参加价值共创的重要举措。平台允许商家、服务商对其数字化方案进行更大的拓展，商家可根据在不同的场景、用户不同的心智进行产品搭建，从而鼓励商家从重运营向重产品转变，实现平台更大的价值。

（六）更好发挥平台在"中国式服务业数字化"中的作用的政策建议

为加快推动"中国式服务业数字化"，建议相关部门对此高度重视，出台相应的政策。

一是加大对"中国式服务业数字化"的理论研究与实践调研。"中国式服务业数字化"是根据从实践调研所获得的鲜活事实，结合相关理论而提出的一种新模式，对解决中小微企业服务业数字化过程中所面临的难题具有重要价值。但该模式的理论与实践仍不完善，需要有关科研院所、大学、政府部门加大对相关理论研究，并对正在实践该模式的平台企业等进行更深入的调研。

二是编制服务业数字化转型指南，将"中国式服务业数字化"上升为国家行动。通过政产学研合作，提炼出"中国式服务业数字化"的共性特征、工具和逻辑，编制出对各方具有实用价值的服务业数字化转型指南，从而为服务业数字化转型提供更多的支撑。

三是支持以平台为主体开展一批"中国式服务业数字化"的试点示范。在 B-P-S-C 价值共创生态系统中，平台能够发挥巨大的作用，平台利用数据、技术等优势，连接各方主体，形成数字生态，持续赋能商家、服务商和消费者。平台作为治理主体，提供基础治理架构；提供信用服务，推动信用化交易。因此，要以平台为主体，建立政府与平台合作机制，支持平台突破最小临界规模，对"中国式服务业数字化"进行试点示范。

四是从商家—服务商—平台—用户价值共创生态系统的整体视角出台相关政策。在既有的政策中，数字化转型政策的着力点在商家侧，对平台、服务商进行激励的政策仍有不足。因此，需要以"政府引导＋市场主导"的方式，出台对商家、平台、服务商均能够起到激励作用的政策措施。例如，以税收优惠、专项基金、扶持资金池为牵引，支持平台和服务商以更便捷的方式获得资金。

五是推动基础制度建设。建立人力资源、资金、算法算力等相关要素支持政策体系，通过平台企业与政府合作发放定向消费券、优惠券、专属券等方式，鼓励各方加大对算力算法等要素的使用频率；在标准制定、非个人数据共享、数据采集、数据开放、基础工具研发、数字化绩效评估方法和标准等方面，出台一批相应的政策措施。

三 互联网平台的消费效应研究

消费作为经济内循环的基本环节，串联着国内社会生产的总过程。2022年12月，中共中央 国务院印发的《扩大内需战略规划纲要（2022—2035年）》明确提出，坚定实施扩大内需战略、培育完整内需体系，是加快构建以国内大循环为主体、国内国际双循环相互促进的新发展格局的必然选择，是促进中国长远发展和长治久安的战略决策。2022年的中央经济工作会议进一步强调，要把恢复和扩大消费摆在优先位置，增强消费能力、改善消费条件、创新消费场景。新征程上构建新发展格局，必须充分发挥中国超大规模市场优势，深挖内需市场潜力。习近平总书记明确提出，把恢复和扩大消费摆在优先位置。[①]

从经济实际运行来看，经济发展动能持续向消费驱动转换，数字平台成为内需增长的重要支撑。2021年，最终消费支出对经济增长贡献率为65.4%，拉动GDP增长5.3个百分点，消费已成为经济增长的第一驱动力。2022年，中国网上零售额达到13.79万亿元，同比增长4%，增速比社会商品零售额快4.3个百分点。平台经济的兴起促成了消费特征历史性趋势的转变，顺应时代重塑了消费的业态模式，使得消费者成为生产和价值创造过程的重要组成部分。价值共创时代，平台对消费者、生

---

① 习近平：《当前经济工作的几个重大问题》，《求是》2023年第4期。

产商乃至城市和区域都产生了显著的影响，平台形成了一个协作环境，实现了从被动型消费者到主动型消费者的过渡，促进了供给端与需求端的对接；由创新供给匹配高层次的需求，最终形成需求带动供给、供给创造更高水平的需求的动态平衡状态。通过信任效应、链接效应、口碑效应、赋能效应和创新效应，平台可有效释放消费需求潜力，推动实现供给与需求协调共进的高效循环。

（一）新发展格局下消费的主要特征

1. 中国进入消费驱动的新阶段

在以国内大循环为主体、国内国际双循环相互促进的新发展格局的大背景下，消费已成为驱动经济增长的关键力量。从消费形势来看，国内消费对经济增长的拉动作用持续增强，消费已连续多年成为经济增长的第一动力（见图3-1）。据国家统计局初步核算，2020年最终消费率接近55%。2011—2019年，中国的消费率平均为53.4%，2020—2022年尽管受新冠疫情的冲击，但消费仍然是经济稳定运行的压舱石。新时代新征程上，在扩大内需战略推动下，居民消费潜力有望继续释放，消费升级势能持续增强，消费的基础性作用将持续发挥。预计今后相当长时间里，消费将成为中国经济增长最重要潜能所在。

2. 服务消费是进一步挖掘内需的重点所在

畅通国内大循环、增加需求的内生动力，应紧紧围绕居民消费升级趋势展开。伴随着产业结构的优化和人们可支配收入水平的提高，中国服务消费比重不断接近商品消费，并呈现出消费分级、理性需求的显著趋势。

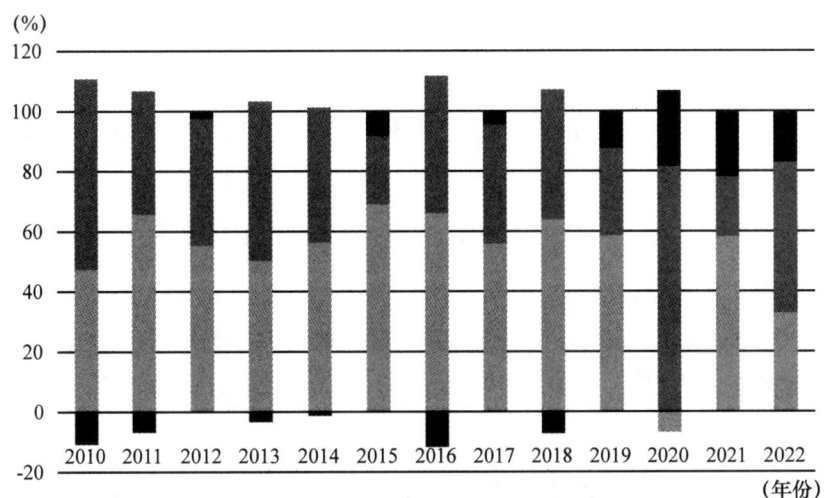

图 3-1 2010—2022 年三大需求对国内生产总值增长的贡献率
资料来源：国家统计局。

随着经济社会的不断发展，中国中等收入群体日益壮大。① 根据统计局数据，以三口之家年收入在 10 万—50 万元作为计算标准，2017 年中国中等收入群体已经超过 4 亿人。2021 年，中国中等收入群体的数量大约为 4.2 亿人，预计 2030 年中等收入群体的比重会达到 50%，即超过 7 亿人，在整个居民消费中的贡献率将接近 80%。② 随着收入水平的提高，人们将从注重商

---

① 中等收入群体是一个国家中生活较为宽裕、收入达到一定水平的人群。对其的判断标准并不一致，目前使用较多的是 Homi Kharas 提出的"家庭人均每天支出 10—100 美元"的标准，该标准的下限是两个贫困线最低的发达国家（葡萄牙、意大利）的平均贫困线，上限为最富裕的发达国家（卢森堡）收入中位数的 2 倍，由此排除了低收入发达国家中的穷人和高收入发达国家中的富人。

② 参见国务院发展研究中心 2022 年 9 月发布的报告《以消费为主导 有效扩大和更好满足内需》。

品消费向服务消费过渡，对于服务体验及质量提出越来越高的要求。此外，老龄化进程的加快，将使人们更加重视生命和生活质量，对现有服务的内容、提供方式提出新的要求。由于老年群体实际上处在动态变化中，低龄老年人相对而言具有较强的消费能力，更容易接受新的消费方式，有利于催生新的社会化服务需求。

根据美国、法国、日本、韩国、中国台湾等典型工业化国家和地区的发展经验，服务消费占整个消费支出的比重与人均GDP呈现较为显著的正相关。当人均GDP处在11000国际元时，美国服务消费支出比重为46%左右，法国约为38%，韩国、中国台湾分别为52%和48%左右（见图3-2）。与这些典型工业化国家和地区相比，中国内地（大陆）在相同发展阶段的服务消费支出比重相对偏低，未来还有很大潜力可以释放。

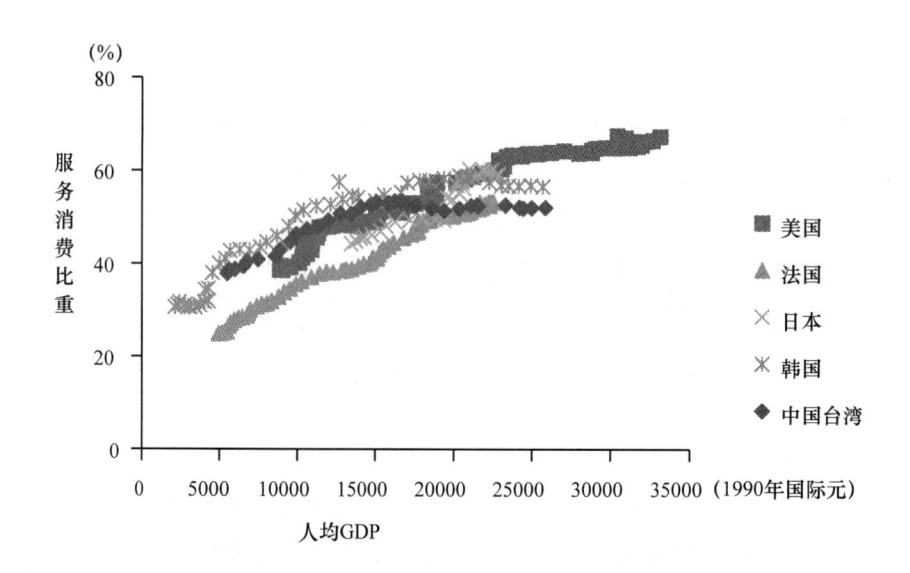

图3-2 人均GDP与服务消费占整个消费支出比重的关系

资料来源：国务院发展研究中心经济增长数据库、CEIC数据库、Wind数据库、荷兰格罗宁根增长与发展中心数据库。

从发展现实来看，随着经济社会的不断发展，中等收入群体日益壮大，消费结构正由商品消费向服务消费过渡。2013 年以来，中国城乡居民服务消费支出持续增加，从人均 5068 元增长到 2019 年的人均 9082 元，服务消费占全部消费支出的比重也从 2013 年的 38.34% 提高到 2019 年的 42.13%，上涨了近 4 个百分点，并且每年都在持续提高（见图 3-3）。2020 年以来，受到新冠疫情的影响，服务消费短暂受挫；随着疫情防控的调整优化，服务消费将继续蓬勃发展。平台经济在聚合需求与供给、更高效的供需匹配、构建可信任的消费环境等方面具有优势，将为服务消费的持续增长提供助力。

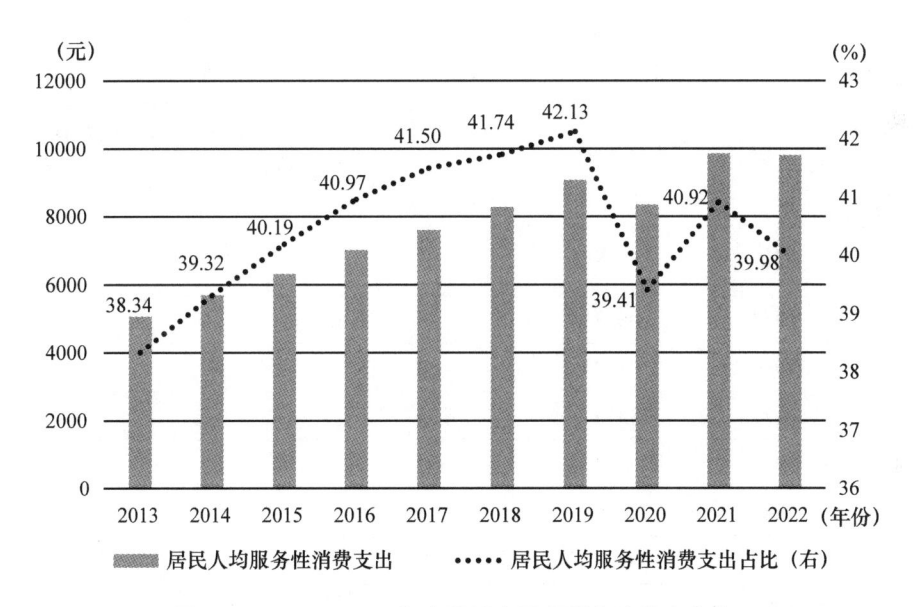

图 3-3 2013—2022 年中国城乡居民服务消费支出情况

注：服务消费支出包括"生活用品及服务、交通通信、教育文化娱乐、医疗保健、其他用品及服务"五大类。

资料来源：国家统计局统计数据库。

3. 服务消费呈现结构升级的显著趋势

随着产业结构的优化和人们可支配收入水平的提高，中国服务消费比重不断接近商品消费比重，并呈现出消费结构升级的显著趋势。国际经验显示，在服务消费比重逐步上升的过程中，发展型、享受型的服务消费支出将快速增长，其比重提升幅度更为明显。根据2015年中国的人均GDP水平，中国大陆居民医疗保健、休闲文娱教育、交通通信支出占全部消费支出的比重与美国、日本、韩国、中国台湾在相同发展阶段非常相近，并且这些服务消费支出比重都具有随人均GDP增加而上升的特征（见表3-1）。这些发展型、享受型服务消费的快速增长，将从需求侧有力支撑相关个人服务业和社会服务业的发展。

表3-1　中国内地（大陆）与典型工业化国家和地区的部分服务消费支出比重　　（单位：1990年国际元,%）

	年份	人均GDP	医疗保健支出比重	休闲文娱教育支出比重	交通通信支出比重
中国内地（大陆）	2015	11390	7.4	11.0	13.3
美国	1953	10613	3.6	—	—
	1969	15179	7.0	—	—
	1978	18373	9.2	—	—
	1984	20123	11.1	—	—
	1988	22499	12.3	—	—
日本	1972	10734	8.0	9.7	8.1
	1985	15331	10.5	9.9	9.8
	1990	18789	9.6	12.6	11.9
	1996	20360	11.0	12.6	11.6
	2007	22428	11.2	12.4	13.3
韩国	1993	10391	11.9	13.0	13.9
	2001	15564	10.7	13.4	17.3
	2005	18439	11.6	15.0	16.1
	2007	20349	12.1	15.6	15.8
	2010	22264	12.5	15.3	16.1

续表

	年份	人均GDP	医疗保健支出比重	休闲文娱教育支出比重	交通通信支出比重
中国台湾	1991	10610	9.8	11.8	20.4
	1998	15069	9.5	12.9	16.0
	2004	18564	10.4	14.2	16.1
	2006	20340	11.0	14.3	15.9
	2010	23300	12.2	13.4	16.2

资料来源：CEIC数据库、Wind数据库、荷兰格罗宁根增长与发展中心数据库。

从发展实际来看，中国居民的服务消费主流门类一直沿着"衣食—住行—康乐"的路径进行着服务消费的升级迭代。2019年，随着中国居民人均消费总支出超过2万元，食品烟酒、衣着、生活用品等生存型消费支出占比逐步下降，分别从2013年的31.2%、7.8%、6.1%下降到2019年的28.2%、6.2%、5.9%；而交通通信、教育文化娱乐、医疗保健等发展型消费支出占比逐步上升，分别从2013年的12.3%、10.6%、6.9%上升到2019年的13.3%、11.7%、8.8%，分别上升了1个百分点、1.1个百分点、1.9个百分点（见图3-4）。根据联合国关于恩格尔系数与生活水平的划分标准，中国食品烟酒支出占全部消费支出的比重，即恩格尔系数，从2013年的31.2%下降到2019年的28.2%，预示着中国居民生活服务水平进入富足阶段。

居民服务消费升级的另一标志性体现是高端消费门类的显著性增长。根据美团研究院的数据，在生活美容服务业中，高端养护类项目近年来越发受到消费者的青睐，与2018年相比，2020年养发客单价提升了近三成。① 餐饮业中，大众小吃人均

---

① 美团研究院：《网络在线营销提升消费体验 多元化消费需求加速市场细分——中国生活美容服务业发展报告（2020）》。

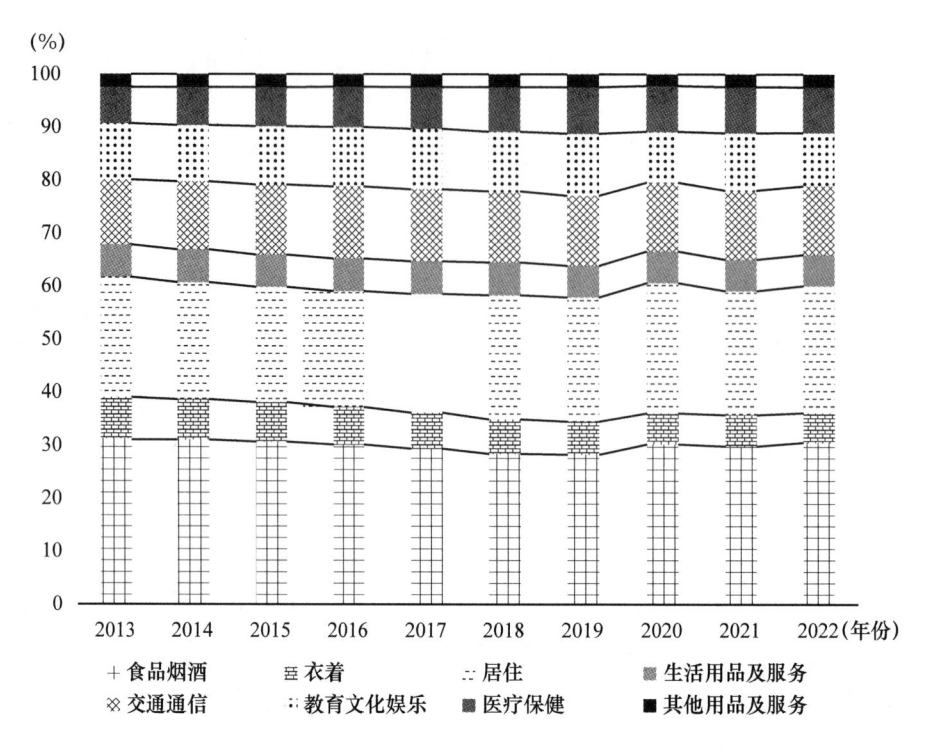

图 3-4　2013—2022 年居民消费支出结构变化

资料来源：国家统计局。

消费价格近年来逐步提升，消费升级趋势明显。2019年，交易均价为31元以上价格区间的小吃商户数实现了正增长，而交易均价为10元以下价格区间的小吃商户数下降了近四成。[①] 客单价的提升、高端服务产品需求量和供给量的双向增加，体现了中国服务消费内部的结构调整正在持续进行，服务消费升级趋势显著。

4. 消费分级日益明显，体验式、个性化消费成为新刚需

中国庞大的消费市场中，收入、人口年龄、教育结构和城市等级分层，导致消费需求具有明显的多层次性，即消费分级。

---

① 美团研究院：《2019—2020年中国小吃产业发展报告》。

平台上能够汇聚几乎无限的商品及服务，在满足多样化消费方面具有独特的优势和价值。

纵观日本百年的消费史，可以清晰看到同中国类似的走向。① 日本经历了以西方化的商业社会雏形为特征的第一消费时代（1912—1944年）、以家庭为单位的大众消费时代（1945—1973年）、以个人为单位的个性消费时代（1974—1995年），自1996年之后，进入了以"返璞归真"的简约风为特征的第四消费时代。在第四消费时代前期，消费分众产生，崇尚品牌与追求简约并存，消费者既有主张更高档、时尚、高级的消费升级、彰显炫耀自我个性的生活，又有主张环境友好、温和简约的消费降级的生活方式。经历过物质的极度繁华后，逐渐回归理性，开始意识到攀比无价值，少即是多，进而把原先消耗在物质上的时间和金钱，投入积累人生体验和丰富感受上，收获精神层面的充实。

从中国的现实来看，近年来在社会消费品零售总额增长率逐年下降的大背景下，消费分级时代已悄然来临。一方面，移动互联网在低线城市及农村地区的普及催生了例如拼多多等新型电商平台，增加了农村居民消费的选择空间的同时，也反映出中低收入群体相对较低的消费层次。另一方面，中国奢侈品消费规模近年来不断增长。数据显示，中国在全球奢侈品市场中的占比不断增长，2019年达到35%，消费规模约为984亿欧元（见图3-5）。② 2021年，中国奢侈品市场同比增速为18%，总消费额达到1465亿美元，即将近1万亿元人民币，全球奢侈品市场占比高达46%③，已成为全球最大的奢侈品市场。

从未来发展来看，物质丰富前提下，随着经济增速放缓和

---

① ［日］三浦展：《第四消费时代》，马奈译，东方出版社2022年版。
② 数据来源于贝恩公司与意大利奢侈品行业协会Fondazione Altagamma联合发布的《2019年全球奢侈品行业研究报告（秋季版）》。
③ 数据来源于中国商业联合会奢侈品专业委员会在第五届进口博览会上发布的《中国高质量消费报告》。

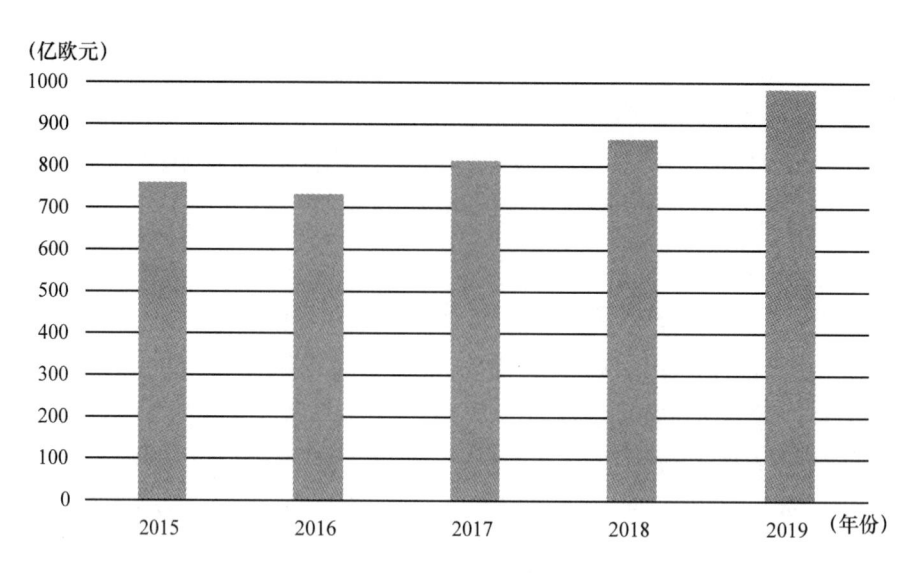

图 3-5　2015—2019 年中国奢侈品消费规模情况

资料来源：贝恩前瞻产业研究院。

各细分市场的成熟，将高水平消费作为成功人生的标准的非理性、冲动型的消费思维不再被倡导。消费者一方面仍然在追求高品质的生活服务与产品，另一方面保持着精打细算的习惯，希望将钱花在更合适、更丰富的产品和服务上。"消费是提升生活品质的手段，而不是生活的目的。"把钱花在"刀刃"上，用省下的钱满足更丰富、更多维的需求（见图 3-6），价廉物美、高品质、不花哨的产品及其倡导的生活方式日益受到消费者的广泛支持。所谓"消费降级"，降的是价格而非品质，实际上也是消费成熟的表现——"消费分级"将理性消费推上了新的台阶。大多数成熟的消费者的消费理念从"消费主义"向"本真主义""理性消费"过渡，从"以消费为目的"到"通过消费过更好的生活"——从商品到生活服务均呈现出对于品质与价格合理性的重视。

平台信息与新技术的支撑，使得当前消费者所追求的不仅是消费的产品本身，而更多的是消费所带来的体验感，以获取情感效用为目标的消费门类逐渐受到人们的追捧，一定程度上

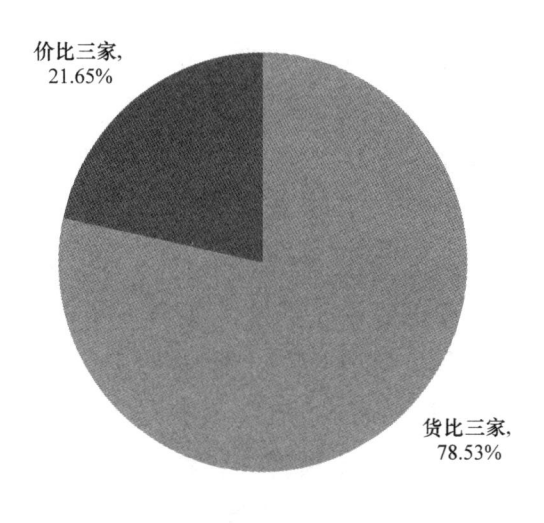

图 3-6 消费者在生活服务平台选择时的考量因素

资料来源：艾瑞咨询 N = 2000，于 2019 年 12 月通过艾瑞 iClick 调研平台获得。

成为服务消费的新刚需。近年来，"快闪店""概念店""主题餐厅""网红打卡圣地"等新业态的诞生，标志着泛娱乐、重体验消费的时代已然来临。而随着网络消费基数的扩大，中国消费主力人群已呈现年轻化的特点，20—29 岁、30—39 岁网民占比分别为 19.9%、20.4%，显著高于其他年龄群体。[①] 消费主流人群的变化，带动了新时代消费理念的更迭。作为互联网的原住民，青年群体对消费的选择更敏锐、挑剔，也更加富有个性，重视消费品质、追求消费个性成为共性特征。

5. 平台成为对接服务消费供需的关键基础设施

价值共创时代，消费者除了能够从平台提供更低价格而获益，也会从他们在平台上所做的无偿数字劳动中获益。由此，

[①] 数据来自中国互联网络信息中心（CNNIC）第 46 次《中国互联网络发展状况统计报告》，2020 年 9 月。

平台在消费中具有了更大的中心性，正在由单纯的信息聚合中心演变为推动服务消费的关键基础设施。在服务平台发展初期，消费者选择平台购物的出发点主要是省钱，即购买最便宜的服务，体现为参与团购等优惠活动。消费者会优先选择活动力度最大、最实惠的商家；在消费信息获取方面，更多的是听取亲朋好友的意见，或者是依靠品牌宣传和个人偏好判断。

随着数字化平台的日益普及，服务消费市场围绕到店消费的信息服务已经形成流程闭环——从在线平台的信息搜索、商情阅读与比较、商品与服务预订、在线购买支付、到店体验均已覆盖；到店信息覆盖的服务品类也日益广泛，从餐饮美食、景点门票、健康养生、电影演出、酒店民宿、休闲玩乐，到运动健身、亲子、教培、医疗、医美、宠物、婚庆、家居、维修、家政、汽车服务。当前，数字化服务平台正在从传统的团购优惠模式，逐渐过渡到提升商家经营效率、优化用户购买决策的2B+2C模式。消费者购物前进行线上查询与商情浏览的行为普及程度越来越高，活动推送和评价反馈对于消费行为的影响越来越显著，消费者完成到店体验后也更加乐于进行点评分享与意见反馈。越来越多的消费者认为，"在线评论比面向大众市场的广告更值得信赖"。C. Cheung 和 D. Thadani 的研究表明，做出新产品购买决定的消费者中，有近90%首选参考平台的消费者评价。[1] 平台评价在购买决策中占据20%—50%的影响力，为消费者提供了宝贵而强大的信息来源，目前已成为数字营销的主体力量。[2]

服务购买决策被视为高风险行为，因此参考群体评估在决

---

[1] C. Cheung, D. Thadani, "The Impact of Electronic Word-of-mouth Communication: A Literature Analysis and Integrative Models", *Decision Support Systems*, Vol. 54, No. 1, 2012, pp. 461–470.

[2] J. Bughin, J. Doogan, O. J. Vetvik, "A New Way to Measure Word-of-mouth Marketing", *McKinsey Quarterly*, April 2010.

策过程中至关重要。① 阅读在线评论已经成为消费者购买服务过程中不可或缺的一部分。艾瑞的线上调研显示，98.35%的消费者了解且使用在线服务平台，超过50%的消费者经常使用平台进行服务消费；绝大多数消费者在到店消费前有通过在线服务平台搜索浏览商家信息的经历——多数消费者认为，除了省钱，帮助消费者进行决策是线上消费平台的主要价值体现。② 对于用户而言，使用服务平台的初衷也不再只是为了省钱，而是为了充分、全面地比较商家信息，在综合考虑性价比与个性化需求的基础上，购买最合适的服务，选择最契合需求、价格和品质最合适的商家。为了实现体验更为立体的生活服务消费，越来越多的消费者形成了在生活服务平台仔细浏览、提前预订、参与活动、线下体验的购物习惯。对于商家来说，线上活动的发布与推荐，极大地带动了客流和销量——在理性需求时代，服务营销活动的规划和设计日益成为商家核心经营能力的重要组成部分，而平台在连接消费者和商家、对接供需方面发挥越来越大的作用。

（二）互联网平台促进消费的理论机制

互联网平台是企业家精神在市场规则下吸收了消费者创造性实践的服务价值生产方式。平台形成了一个协作环境，实现了从被动型消费者到主动型消费者的过渡，促进了供给端与需求端的对接；由创新供给匹配高层次的需求，最终形成需求带动供给、供给创造更高水平的需求的动态平衡状态。平台通过

---

① S. Litvin, R. Goldsmith, B. Pan, "Electronic Word-of-mouth in Hospitality and Tourism Management", *Tourism Management*, Vol. 29, No. 3, 2008, pp. 458–468.

② 《"新钱商"时代——在线生活服务消费洞察报告》，艾瑞咨询系列研究报告，2020年。

链接效应、信任效应、赋能效应和创新效应，打通服务堵点，释放消费需求潜力，推动实现供给与需求升级协调共进的高效循环。

1. 链接效应

一般认为，平台促消费表现在降低搜索成本和简化比较购物方面。这将导致产品和服务供应商之间的竞争加剧和价格降低。然而，链接更多的商品和服务，使消费者获得更多的产品和服务种类，是平台促消费更为重要的渠道。新产品和新服务是经济发展的核心，正是通过生产者不断研发新产品，才能实现经济增长。平台上提供大量可供选择的产品服务，形成无限的"虚拟库存"，使得产品和服务种类得以不断增长。更多产品和服务种类在线，帮助消费者通过互联网搜索和协作工具，用更低的成本搜寻到新产品和新服务，从而通过链接更多的供给切实提升了消费能力。研究显示，尽管平台推动市场效率提高，降低了价格为消费者带来了优惠，但同产品和服务在网上可用性增加带来的多样化收益相比，其对消费者福利影响要小得多。以 Amazon 在线书店为例，产品种类的增加使 2000 年的消费者福利增加了 7.31 亿美元，达到 10.3 亿美元，这是该市场竞争加剧和价格下降所带来的消费者福利的 7—10 倍。[①]

从需求端来看，服务的无形性、同步性、异质性和不可存储性等特性，使其对空间和距离等因素极为敏感，服务种类在各地也有很大差异。虽然其中一些服务可以从线下网点订购，但是对于大多数消费者而言，寻找专卖店或下订单的搜索和交易成本都是非常高的——传统服务实体店有限的信息触达范围

---

① E. Brynjolfsson et al., "Consumer Surplus in the Digital Economy: Estimating the Value of Increased Product Variety at Online Booksellers", *Management Science*, Vol. 49, No. 11, 2003, pp. 1445 – 1615.

限制了消费者发现、定位、评估和容易购买的服务类型。平台通过将线下服务商在线上连接，使本地服务资源相对于需求更加富足多样。而且，平台提供的增强的搜索功能和个性化的推荐工具，使消费者能够准确定位在实体商店中难以发现的服务，推荐系统则实现了"口口相传"的自动化，从而加速新服务的发现和传播。通过定位和比选由于高交易成本或低产品意识而消费者无法触及和购买的特殊服务，平台增加了消费主体、拓展了消费空间、扩大了有效需求，对于居住在没有专业服务商的偏远地区的消费者而言，这种推荐则更有价值。

从扩大有效服务供给来看，平台拓展了服务的时间和半径，促进供需时空匹配，提升了服务企业的经营效率。由于服务需求的个性化以及服务生产和消费的同步性，位置和时间段不固定，需求也不连续，这种高度不确定的服务对空间和距离等因素极为敏感，边际成本较高，资源利用效率也偏低。平台拓展了服务的时间和半径，促进供需时空匹配。一方面，从时间上看，由于服务产品无法储存，服务能力一旦被闲置，将造成永久性浪费；由于服务时间和空间的有限性，难以同时接纳更多消费者，需要有效匹配需求和供给，充分利用服务供给能力。平台经济可以通过促进服务企业提供服务手段的现代化，有效延展经营范围和时间。利用数字技术，提供服务的时间可以"低成本"延长，促进供需时空匹配，使服务能力最大化。疫情期间，数字技术引导不同人群错峰消费，实现分时、分段预约消费，线上成为众多服务企业拓展业务、实现生存和发展的主渠道。另一方面，从空间上看，平台拓展了服务的时间和半径，促进供需时空匹配。一般意义上，线下服务小店的经营业绩很大程度上受店面经营位置等因素的影响，主要面向周边1000米的社区，经营半径有限。通过发展线上与线下融合、网络到家服务等业务，平台创造了新消费场景，既为满足居民的服务消费需求提供了便利，也为服务业商户实现了引流和创收。平台改变了服务的不可贸易性,扩大了商户的经营范围,典型的例子是消费者通过平台选择数千米以外餐厅的菜品,由骑手配送到消费者手中。相关调查显示,未接入平台的生活服务业商户,有近八成位于街边门店;而受益于互联网平台强大的宣传引流能力,接入平台后越来越多的商户更加青睐租金相对低廉的写字楼。在接入平台一年以内的企业中,选择写字楼的商户占比更高,这充分体现出平台链接效应带给服务业空间格局的变化。

2. 信任效应

信任虽然是无形的,但在消费者做出购买决策的过程中,却是最强大的激励因素。已有研究指出,同有形物质产品不同,无形的服务产品作为一种"信任品",让渡的是人力资本使用权,服务提供商和消费者间的信任关系需要投入大量专用资本,因而要求公平、透明和有效的制度环境以及完备的司法体系支撑;同时,生产和消费同步性也决定了服务产品是一种"后验品",无法在交易前通过具体指标来评估或试用,交易后也难以由服务结果还原服务质量,特别是对于知识和技术密集型服务业而言,其生产、交易和消费涉及更为密集和复杂的契约安排。服务消费不同于实物消费,服务的无形性与不可储存性使得消费者无法直接了解服务商品质量等准确信息,需要在细分化、同质化、海量化、碎片化的互联网信息中搜集大量服务的评价信息,这将耗费消费者大量的时间、精力等搜索成本和机会成本,而且存在很大的交易风险,这极大地降低了消费者的消费意愿。平台企业作为连接服务消费供给方与消费者需求方的中间组织,可以利用技术、数据以及平台规则等,建立一个强信任机制,以降低服务消费过程的复杂性,从而提高消费者的服务消费意愿。

服务作为一种"后验品",购买决策被视为高风险,因此参考群体评估在购买决策过程中至关重要。① 通常情况下,信任在人际关系和制度层面发挥作用,消费者在进行服务消费时必须确定服务提供者是否值得信赖。建立在人际关系上的信任通常来自圈子,比如家人和朋友,因而具有较小的信任半径。数字市场彻底改变了信任形成机制,同平台相关的信任涉及其管理服务市场的内在法规和法则,在这样的规则下相关各方相互关联、相互作用。作为一种制度性的信任构建机制,平台可以为消费者提供有关卖方服务实时客观翔实的历史数据和资料,从而降低信息不对称,有针对性地帮助消费者做出购买决策。进一步地,消费者对平台的信任很容易迁移至在其上从事经营的服务提供者,即具有较强的溢出效应。随着大众消费决策的前置,平台所聚合的海量信任和口碑信息,正逐渐显现出其对消费者决策的重要影响力。

传统的口碑效应是由于消费者在消费过程获得的满足感、荣誉感而逐步对外形成口头宣传效应,而且这种口口相传的效应会逐步增强。I. Reimers 和 J. Waldfogel 比较了如《纽约时报》等专业评论和基于人群评论的亚马逊星级在图书出版中对消费者的相对影响,证实了星级评定对消费者决策的总体影响是传统评论机构的十倍以上。② 已有研究证实了网络口碑(e-WOM)对于促进销售的显著性与重要性,证明了消费者将网络口碑视为购买关系中影响力最高的因素,也是最主要且最值得信赖的信息来源。在服务平台上,口碑可以瞬间在网络中传播,比如在网络口碑效应的推动下,网红店、网红产品与网红服务销售

---

① S. Litvin et al., "Electronic Word-of-mouth in Hospitality and Tourism Management", *Tourism Management*, Vol. 29, No. 3, 2008, pp. 458 – 468.

② I. Reimers, J. Waldfogel, "Digitization and Pre-Purchase Information: The Causal and Welfare Impacts of Reviews and Crowd Ratings", NBER Working Paper, No. 26776, 2020.

数量和利润迅速上升，消费者体验感增强，无形中平台的价值也得到提升。

此外，平台还能够通过创新服务实现质量管控，促进服务消费意愿。服务消费涉及很多需要强信任的场景，如家政、兼职、租赁、酒店、二手、租房、出行、旅行等，服务高度非标准化。服务消费不仅渠道繁杂多样，各渠道的服务消费产品质量也良莠不齐，而服务供给的主体出于自身利益最大化考虑，往往倾向于隐藏自身信息，这使得信息不对称的程度加剧，消费者产生信任并做出购买决策的困难增加。平台企业通过对信息质量、渠道质量、服务质量等多个方面进行严格的把控，将可信产品信息整合集聚，提高消费者对商家产品和服务的信任度，减少消费者的感知风险和机会成本，有利于营造真实、准确、可靠和全面的可信消费环境。

3. 赋能效应

随着平台渗透率的不断提高，产品和服务的需求弹性呈现出日益降低的趋势，卖家通过精准营销和产品定位实现差异化竞争也越发重要。平台通过对客户行为数据的归纳、分析，预测整合碎片化信息，为消费者、生活服务企业、供应链企业、政府提供价值连接，推动各方形成一个有机互补的整体，进而促进服务价值创造的同时，精准有效地提升消费。

在线营销对于服务业尤其是生活服务业发展有更为重要的意义。一是在线营销为消费者提供了重要参考。生活性服务业中商户提供的服务内容难以"试用"，而形成网络口碑的依据是消费者的一手评价，通过查看网络口碑和商户评级，能够有效改善供需双方的信息不对称，在有效杜绝虚假宣传的同时，有助于提升生活服务业的整体服务水平。二是平台通过精准导流使生活服务业供需匹配更加高效便捷，解决传统服务业获客难题。通过网络在线营销，不同商户的擅长服务项目都能得到充分展示，消费者可以更有针对性地选择服务商户，这能够显著提高流量转化率和成交率，减少供需不匹配导致的效率损失。服务平台依托海量、高品质的数据资源，以及强大的数据挖掘和分析能力，可以将自身积累沉淀的线上会员数据与传统生活服务行业的线下会员信息打通，通过分析处理各种复杂的产品应用场景，推出系列数字化解决方案，为商家绘制会员画像、搭建用户消费模型，帮助商家准确地了解客户的真实需求，增加商户曝光率，提升客户购买转化率，从而通过数字化赋能推动行业降本增效。

当前，在平台的助力下，许多中小服务商家积极拥抱数字化，借助平台提供的数字化方案进行改造并开展数字化经营，以新服务带动新消费。一方面，平台通过自身沉淀的海量数据和大数据挖掘技术等手段，帮助商户精准寻找目标客户，解决获客难题，再通过二次筛选精准捕捉潜在目标客户。通过后台场景数据分析建立清晰的用户需求模型，筛选出匹配的目标消费人群，向其推送商户信息。在此基础上，针对一段时间内在商户门店有过浏览行为但未产生消费的顾客群体，根据其全场景的历史消费、浏览等信息进行多维度二次筛选，通过千人千面的优惠券发放及提醒，引导顾客进行消费，从而帮助传统服务业商户在大数据分析技术加持、平台数字化赋能下取得突破。

另一方面，平台帮助企业精准匹配目标消费能力的用户，解决盈利难题。准确推销与用户心理价位相匹配的产品，才能尽可能多地获得利润，平台通过数字化运营工具为中小服务业商户提供有效的营销解决方案。一是可以借由分类对会员提供有针对性的营销方案。根据消费频次及客单价，构建消费力模型，测算出会员实际消费意愿后，对不同层级会员进行差异化营销。从新客激励、老客关怀、裂变营销、上新提醒、周期服务提醒、品牌信息宣导等角度有针对性地推送相关信息，引导会员到店消费，培养会员忠诚度。二是精准剖析客户流失原因，调整经营策略。平台不仅可以为商户提供所在商圈的客群偏好画像、基础画像、消费画像，还可以深度分析本店流失访客的原因，进行有针对性的改进和提高。三是平台根据大数据技术，为商户动态调整、优化广告投放策略提供辅助决策信息。比如平台可以精准分析各类消费者占比高的时段，从而帮助商户判别投放广告效率最高的时段，建议商户在价格、项目与访客的心理预期相匹配的时段投放广告，提高广告的推广效果。

4. 创新效应

新消费场景是促进消费的重要环节。已有研究表明，小众消费虽单位量小，但种类繁多、数量庞大，在各国居民消费中占据非常重要的地位。2020 年，美国居民小众消费占居民消费的比重为 14.36%，韩国占比为 15.27%。相比之下，中国小众消费的占比极低。2021 年，中国居民消费人均消费支出中其他项目消费支出为 569 元，占居民人均消费支出 24100 元的 2.36%，比韩国低 12.91 个百分点，比日本低 12.05 个百分点，比美国低 12.00 个百分点，显示中国小众消费还存在进一步释放的空间。① 而长尾分布是平台市场的基本特征，它描述了利基产品在在线市场中占据较大份额的现象，反映了这些产品从较低的搜索成本中不成比例地受益的事实。服务消费效率的提高不单纯是流量运营，更是企业从生产到经营，从平台、服务商到商家、消费者的全流程高效耦合，在提高消费意愿的同时，不断挖掘更多的服务消费潜力与空间。平台有助于顺应消费升级趋势，培育新型消费场景，满足个性化、多样化、小众低频的消费需求。对于服务匹配类平台来说，出于有限空间里具有

---

① 李晓超：《小众消费是恢复和扩大消费的重要力量》，2023 年 3 月 24 日，https://mp.weixin.qq.com/s/u1U4hCOANaf-SccSe5yKRQ。

相应服务密度的门槛要求，需要不断地扩大双边用户的规模。特别是对于生活服务业来说，由于服务需求差异化、特色化、定制化的特征，线下提供的小众、低频的需求需要达到一定的阈值才能实现成本补偿。平台有利于降低服务转换成本，激发长尾市场。平台将更大范围的小众、低频需求汇集，低成本、快速匹配供需，更容易达到服务供给的最小经济规模。

已有研究发现，家庭总支出的集中度显著下降，即家庭越来越多地将支出置于不同的商品上。通常情况下，流行产品的生产商更关心从现有客户那里获得最大利润，而利基产品的生产商更关心扩大他们的客户群。平台能够通过研究商家和消费者生产和消费行为，调研市场提供新的服务内容和新的服务组合，发现和创造新的服务业态、服务模型，从而与消费者一起促成服务价值共创。平台在参与服务价值共创过程中，将各环节的服务提供商等与最终销售网络进行连接，在提高各环节效率的同时，拓展新业态、新模式，丰富行业供给，为客户创造更多定制化服务，更好满足消费需求。

对于供给者来说，服务是为了市场上的经济交换；而对于消费者而言，消费是为了个人满足。在数字平台的加持下，供需双方参与的服务价值共同创造过程，促进服务的设计过程和生产边界产生较为明显的变化。[①] 分散在平台上的消费能量可以通过数字生态系统进行挖掘，并可以通过各种货币化方案予以重新利用。服务供给方有很高的经济诱因让消费者参与服务体验，所以近来许多企业开发了工具包、网站、工艺组件以及供消费者进行服务修正的特殊渠道。对于数字化服务平台来说，消费者参与并共同创造了服务体验。数字化平台的产生和渗透，使得服务体验融入日常生活，这些服务经验强烈依赖于消费者

---

① R. Alcarria et al., "New Service Development Method for Prosumer Environments", International Conference on Digital Society, 2012.

的参与，互联网及定制文化的普及增强了消费者的创造力；服务提供商会依据消费者经验和感受调整、修改或改变企业的产品和服务。① 因此，越来越多地将生产者称为"工作消费者"或"联合生产者"。② 当用户在平台上介绍自己的服务经验，他们实际上参与并定制了自己的服务体验——他们不是合作伙伴，不合作生产，但他们的工作结果对于其他消费者是一份礼物，并最终帮助将与其经验分享相关的服务和产品推向市场。平台为消费者、生活服务企业、供应链企业、政府提供了价值连接，通过对客户行为数据的归纳、分析，预测整合碎片化信息，促使各方形成一个有机互补的整体，形成上下游协同融合的服务生态圈，进一步促进服务价值创造。

（三）互联网平台促进消费的行业分析：外卖行业

1. 研究设计

随着电子商务的飞速发展和深度渗透，越来越多的企业为了增加收入开始使用线上销售渠道，这导致了某种意义上的实体店混合经营，即线上与线下相结合的模式（click-and-mortar）。自2013年起，传统的餐饮业在线服务模式，即消费者从餐厅或快餐连锁店网站在线订购食物，已逐渐为聚合式的外卖平台所取代。外卖服务的兴起，推动餐饮业这样的传统服务行业开启数字化转型进程，线上与线下融合发展的业务模式越发普及。已有研究显

---

① P. R. Berthon et al., "When Customers Get Clever: Managerial Approaches to Dealing with Creative Consumers", *Business Horizons*, Vol. 50, 2007, pp. 39–47.

② B. Cova et al., "Critical Perspectives on Consumers' Role as 'Producers': Broadening the Debate on Value co-creation in Marketing Processes", *Marketing Theory*, Vol. 11, No. 3, 2011, pp. 231–241.

示,电子商务为企业收入提升提供了额外渠道①,提升消费者忠诚度和满意度②的同时,可能导致线下业务转为线上,具有蚕食实体店销售的风险。③ 虽然大量的学术文献描述了开辟新的销售渠道的影响,特别是引入在线渠道对传统市场潜在的市场扩张效应和替代效应的分析,但关于餐饮行业引入在线外卖服务的影响还没有较为深入的研究。而且,现有的少量研究仅从理论层面探讨了餐饮业在线销售带来的增量及其来源,囿于可用数据的限制,几乎没有研究从餐厅层面出发,使用严谨的方法系统评估外卖服务对餐厅经营的影响,也没有研究在清晰区分线上和线下销售的前提下,对外卖之于餐厅销售量的影响进行系统量化。

2020年12月,北京市商务局指导北京烹饪协会和某外卖头部平台联合开展北京市餐饮商户数字化升级专项行动,集中开展数字化培训,引导餐饮商户进行数字化升级,这给实证研究提供了一个时间窗口。政策推动作为一种外生冲击,可以认为是导致观察期内店铺开通外卖服务的主要原因。为了全面评估餐饮商户开通外卖服务对其经营情况的影响,本项研究选取北京市所有使用某头部平台收银系统的餐饮商户作为研究对象,观察期为2021年的第1周至第53周,在这段时间里,许多餐厅因为政策的推动而开通了外卖业务。需要说明的是,线下到店

---

① M. R. Ward, "Will Online Shopping Compete More with Traditional Retailing or Catalog Shopping?", *Netnomics*, Vol. 3, No. 2, 2001, pp. 103 – 117.

② D. W. Wallace et al., "Customer Retailer Loyalty in the Context of Multiple Channel Strategies", *Journal of Retailing*, Vol. 80, No. 4, 2004, pp. 249 – 263.

③ S. Gensler et al., "Impact of Online Channel Use on Customer Revenues and Costs to Serve: Considering Product Portfolios and Self-selection", *International Journal of Research in Marketing*, Vol. 29, No. 2, 2012, pp. 192 – 201.

消费有很多支付渠道，如支付宝、微信、饿了么、美团支付等；但考虑到成本因素，一般餐厅只会使用一个收银系统（SAAS），或者即便还有其他途径支付，平台的收银系统在一年内的收银份额也是稳定的，为了更好地反映餐厅线下销售额的全貌，这里只纳入了使用某头部平台收银系统的餐厅作为研究对象。

2. 实证结果

使用双向固定效应模型，识别和分析外卖开通对于餐厅销售额的影响。具体模型设定如下：

$$Sales_{it} = \beta_0 + \beta_1 gt_{it} + \beta_2 Score_{it} + \mu_i + \lambda_t + \eta_{bt} + \varepsilon_{it} \quad (1)$$

模型（1）为基准回归模型，其中，店铺周销售额$Sales_{it}$为被解释变量，包括周总销售额$Total\ Sales_{it}$、周外卖销售额$Waimai\ Sales_{it}$、周堂食销售额$Tangshi\ Sales_{it}$。外卖服务开通gt_{it}作为核心解释变量，β_1为核心估计系数，衡量了外卖开通对店铺销售额的影响效应。如果β_1为正，说明外卖服务的开通提升了店铺销售额，反之则说明降低了店铺销售额。$Score_{it}$为影响店铺销售的控制变量，主要是店铺在平台上的得分。μ_i为店铺固定效应，λ_t为周固定效应，η_{bt}为商圈和周的交叉固定效应。

此处利用模型（1）评估外卖服务的开通对于餐饮商户周总销售额的影响，并分别报告了外卖开通对周外卖销售额、周堂食销售额影响的实证回归结果（见表3-2）。实证结果显示，外卖服务开通对于餐厅周总体销售额具有显著的提升作用。对于餐厅的总销售额而言，表3-2的第（1）列、第（2）列结果显示，在不加入与加入商圈—周交叉固定效应的情况下，开通外卖变量gt_{it}的影响系数分别为0.706与0.704，且均在1%水平上显著；对于餐厅的外卖销售额来说，表3-2的第（3）列、第（4）列结果显示，在不引入与引入商圈—周交叉固定效应时，外卖开通变量gt_{it}的影响系数分别为6.421与6.428，且在1%水平上显著；对于餐厅的堂食销售额来说，表3-2的第

(5) 列、第(6) 列结果显示, 在不引入与引入商圈—周交叉固定效应时, 外卖开通变量 gt_{it} 的影响系数分别为 0.0211 与 0.0158, 但并不显著。上述结果说明, 外卖开通对于餐厅的总销售额和外卖销售额具有显著的正向影响, 即外卖的开通可以在一定程度上提升餐厅的总销售额, 即扩张整体市场、做大蛋糕, 其中, 外卖开通对外卖销售额的提升作用非常显著, 对堂食销售额也有些微的提升作用, 但并不显著。

表 3-2　　　　　　　外卖服务开通对于店铺销售额的影响

被解释变量	(1) Total Sales	(2) Total Sales	(3) Waimai Sales	(4) Waimai Sales	(5) Tangshi Sales	(6) Tangshi Sales
gt	0.706***	0.704***	6.421***	6.428***	0.0211	0.0158
	(0.0259)	(0.0260)	(0.0582)	(0.0577)	(0.0332)	(0.0336)
$Score$	0.0122***	0.0123***	0.0129***	0.0129***	0.0116***	0.0117***
	(0.000902)	(0.000900)	(0.00141)	(0.00142)	(0.00118)	(0.00116)
常数	8.399***	8.397***	0.00456	-0.00236	7.965***	7.964***
	(0.0594)	(0.0592)	(0.0952)	(0.0959)	(0.0772)	(0.0764)
观测值	836581	835799	836581	835799	836581	835799
R^2	0.786	0.793	0.927	0.928	0.794	0.799
店铺固定效应	Yes	Yes	Yes	Yes	Yes	Yes
周固定效应	Yes	No	Yes	No	Yes	No
商圈—周交叉固定效应	No	Yes	No	Yes	No	Yes

注: *** 表示 1% 的显著性水平。

在此基础上, 考虑到销售额囊括了订单量和订单价格两方面信息，基于总金额的分析可能无法涵盖外卖开通对餐厅运营情况的整体影响。因此这里从订单数视角出发，将餐厅的周总订单数、周外卖订单数和周堂食订单数分别作为被解释变量，重复基准模型的分析。表3-3的第（1）列、第（2）列的实证结果显示，在不加入与加入商圈—周交叉固定效应的情况下，开通外卖变量gt_{it}对总订单量的影响系数都为0.544，且在1%水平上显著；对于餐厅的外卖订单数来说，表3-3的第（3）列、第（4）列结果显示，在不引入与引入商圈—周交叉固定效应时，外卖开通变量gt_{it}影响系数分别为2.880与2.884，且在1%水平上显著。值得注意的是，表3-3的第（5）列、第（6）列结果显示，在不引入与引入商圈—周交叉固定效应时，外卖开通变量gt_{it}对于堂食订单量的影响系数分别为0.0899与0.0894，且均在1%的水平上显著。上述结果说明，外卖开通对于餐厅的总订单量、外卖订单量和堂食订单量均存在显著的提升作用。

表3-3　　　　外卖服务开通对于店铺订单量的影响

被解释变量	（1）Total Order	（2）Total Order	（3）Waimai Order	（4）Waimai Order	（5）Tangshi Order	（6）Tangshi Order
gt	0.544***	0.544***	2.880***	2.884***	0.0899***	0.0894***
	(0.0198)	(0.0199)	(0.0346)	(0.0344)	(0.0213)	(0.0215)
$Score$	0.00972***	0.00970***	0.00711***	0.00715***	0.00889***	0.00889***
	(0.000672)	(0.000673)	(0.000751)	(0.000752)	(0.000752)	(0.000752)
常数	4.240***	4.243***	0.180***	0.176***	3.951***	3.953***
	(0.0442)	(0.0442)	(0.0518)	(0.0520)	(0.0494)	(0.0495)
观测值	836581	835799	836581	835799	836581	835799
R^2	0.835	0.841	0.933	0.934	0.822	0.828
店铺固定效应	Yes	Yes	Yes	Yes	Yes	Yes

续表

	（1）	（2）	（3）	（4）	（5）	（6）
周固定效应	Yes	No	Yes	No	Yes	No
商圈—周交叉固定效应	No	Yes	No	Yes	No	Yes

注：*** 表示在1%水平上显著。

3. 结论

网络到家服务的出现迅速改变了传统服务业，对于餐饮业也是如此。疫情发生以来，外卖服务的快速增长和扩张，使得我们了解这些在线渠道的发展及其影响变得更加重要。本项研究从微观视角出发，通过研究外卖引入的新环境下餐厅的运营情况，补充了关于餐饮业在线和离线渠道之间扩张和替代效应的一类文献。尽管我们经常看到关于外卖服务导致餐厅盈利能力下降的报道，但本项研究基于微观数据的实证研究显示：外卖开通对于餐厅的总销售额和外卖销售额具有显著的正向影响，对堂食销售额也有些微的提升作用；外卖开通对于餐厅的总订单量、外卖订单量和堂食订单量均存在显著的提升作用。上述实证结果表明，作为一种网络到家服务，外卖开通从销售额和订单量来看，并未对线下的堂食产生显著的挤出效应；相反，外卖服务为餐厅提供了一种新的经营渠道，通过扩展消费者餐饮消费的能力、降低餐厅递送服务的成本，可以起到有利于餐厅的整体运营、做大餐饮业"蛋糕"的作用。

（四）互联网平台促进消费的实证研究：以支付宝为例

服务消费效率的提高不单纯是流量运营，更是企业从生产到经营,从平台、服务商到商家、消费者的全流程高效耦合,在提高消费意愿的同时,不断挖掘更多的服务消费潜力与空间。支付宝平台依托移动互联网、云计算、人工智能、大数据等新技术的深化应用,与商家、服务商、政府部门等多方协同,形成与打造了一批新业态、新模式、新场景和新服务,不断促进服务消费场景与模式创新。同时,促进服务消费产业链的优化、重组与改造,提高消费供需匹配与对接效率,从而能够满足消费者对更好产品和服务的需求,不断赋能与加快整体消费创新和蓬勃发展。支付宝作为聚合式服务平台的典型代表,其上集聚了大量各行各业中小服务商户和用户。支付宝平台通过精准发券、信任塑造、内容营销、产品创新等方式,有效促进服务消费。

1. 精准发券:数字赋能形成消费正反馈循环

在精准营销、挖掘服务潜力方面,支付宝以精准发券为抓手,推动线下供应链与线上流量的全流程高效对接,着力形成"平台—商家(政府)—服务商—消费者"在促消费方面的正反馈循环。

一方面,通过精准发券,最大限度发挥消费券的乘数效应。

消费券对消费的杠杆作用已得到诸多研究的证实。支付宝平台利用其信息优势,与服务商、商家(政府)协同,更精准地发放消费券、优惠券、折扣券、红包码等,有效提高核销率,在促消费方面发挥了更大的杠杆效应。

支付宝平台与政府合作,利用平台的能力,助力政府优惠券设计,包括优惠券的面额、领取条件和渠道、使用条件和场景、核销程序等,并利用平台进行消费券的分发,从而使消费券更高效地促进消费。支付宝的用户通常具有较高交易倾向,因而形成了一个具有强领优惠券并使用优惠券的消费者群体,这使得支付宝平台在消费券促进消费方面具有独到的优势,能够实现精准制券、精准发券和精准核销,将消费券的促消费作用最大化。汪勇等分析了2020年4—5月绍兴至少有一笔交易的支付宝注册商户的经营和消费券核销日度数据,数字消费券显著提高了餐饮商户和零售商户的营业额,其中餐饮商户新增营业额的56.3%来自消费者自身支出,其余来自消费券核减金额;零售商户新增营业额的75.1%来自消费者自身支出。① 数字消费券鼓励消费者线下消费,持有券的消费者在餐饮、零售商户的交易量分别提高了16.7%、19.8%;数字消费券对餐饮、零售商户经营的影响具有一定的持续性;数字消费券对不同规模餐饮(零售)商户营业额、交易量均有提振作用,缓解了疫情对餐饮(零售)商户日常经营的不利冲击,但对大型商户的作用更为突出;就零售内部细分行业而言,数字消费券提高了食品、手机等零售商户的营业额,但并未降低销售其他零售商品商户的营业额,即不存在"挤出效应"。② 据报道,2022年6月至9月底,杭州出台了一系列促消费、稳增长的政策措施,先后发放10轮数字消费券,总计发放5.5亿元,直接带动消费超60亿元;郑州首期发放5000万元消费券,发放两日核销1152.4万元,带动消费1.28亿元,乘数效应达11倍。③

平台自身发放的优惠券具有更高的乘数效应。近年来支付宝通过举行"开年大促""夏日消费节""金秋消费节"等系列活动,准确把握用户的边际消费倾向,用红包码、优惠券、直播带货等形式有效提升消费券的发放效率和乘数效应。以2022

---

① 商户增加的营业额有一部分来自消费券本身核减的金额,即由政府承担的财政资金。
② 汪勇、尹振涛、邢剑炜:《数字化工具对内循环堵点的疏通效应——基于消费券纾困商户的实证研究》,《经济学》(季刊)2022年第1期。
③ 《消费券在个别地区乘数效应达11倍 短期效果已现》,《中国商报》2020年4月9日。

年支付宝联合全国千万商家举办的两场消费节为例，由于平台具有数据、技术、用户等方面的资源优势，平台和服务商在发券过程中更精准地了解用户，得以持续提升促消费的力度。这两场消费节累计拉动消费规模近650亿元，部分城市活动期间支付交易笔数较活动前日常笔数增长达20%，有效助力实体消费活力提升。数据显示，城市端渗透、支付渗透、收单覆盖以及小程序相关渗透的基础越好，城市支付倾向越高，发券的效率则越高。从行业来看，活动覆盖出行、餐饮、快消、零售等多个行业，成为助力各服务行业消费复苏的有力手段。从区域上看，消费券的拉动效应具有较强的异质性，广东省、浙江省、江苏省保持着市场渗透率及促消费效果双高的优势局面。"夏日消费节"期间，杭州每1元红包码投入，就能带动线下用户14元消费；"金秋消费节"期间，武汉、郑州、济南等部分城市消费热度平均提升近四成。值得关注的是，平台大促对用户线下支付活跃度的提升不仅表现为短期作用，在活动结束后对消费仍有显著提振。即使在大促活动结束后，用户的支付频次自然恢复，中高频用户对比活动前依旧有较好的频次留存。①

此外，支付宝平台还利用其生态内的IoT设备，推动折扣券与优惠券高效发放和转化。IoT智能支付设备为消费者带来安全、快捷线下支付体验的同时，可有效提升交易转化。2022年支付宝"夏日消费节"期间，平台通过IoT智能支付设备发放折扣券与优惠券，1300万消费者在IoT设备上核销率近60%，超过同期平台大促整体核销率，直接带动了2.7亿元的订单金额。

另一方面，平台以发券为起点，汇聚政府、平台、商家、消费者各方在促消费方面的合力，着力形成"优惠券—算法—

---

① 中频支付用户：30天内支付4—12天；高频支付用户：30天内支付>12天。

优化服务供给—二次发券—私域运营"相互促进的正反馈循环，充分发挥提振消费的二次杠杆效应。

平台以发券为杠杆，着力发挥消费券拉动消费的乘数效应，即形成精准发券的"一次杠杆效应"。以此为起点，平台运用算法更好地了解消费者，帮助商家通过数字化转型，推出更符合消费者的产品和服务，此时再通过第二轮发券精准发力，推动消费进一步增加，形成"二次杠杆效应"。在此过程中，借由发放消费券，平台和服务商在发券过程中更精准地了解用户，持续创造优质高效服务供给，从而持续提升后续促消费的力度；与此同时，平台帮助商家和服务商积累用户资产，商家通过私域运营，增加用户黏性和活跃度，也提升了平台用户的活跃度，对平台资源形成回馈。这种正反馈循环往复，借由多次杠杆效应，能够助力形成需求牵引供给、供给驱动需求的双向升级螺旋。

二次杠杆效应能够帮助服务商或者商家打造会员体系、实现差异化营销，提高用户黏性，从而使商家更好地运营私域流量，通过更精准的产品和服务，挖掘消费者的潜在需求，从而促进消费。例如，发展数字化运营、强化会员经营体系正成为酒店行业寻求稳定增长的主流方式。调研显示，支付宝小程序已经成为华住集团2022年订单量增速最快的渠道。其中基于支付宝会员频道公域辅助私域的开放模式和数字化工具，华住集团将自有的会员体系"华住会"与支付宝会员实现了体系互通，推出了"联合会员"。支付宝会员可根据等级，在会员频道匹配领取的华住星会员、银会员或金会员会员卡，享受相应权益，商家可将公域流量沉淀到自己的私域进行运营。2022年，华住的线上新增会员中有近一半来自支付宝；而支付宝会员频道为小程序带来的客流最大，占比达到56%。稳定的会员体系及其带来的价值，帮助企业在疫情中迅速恢复。华住集团2022年第一季度财报显示，公司净营收达26.8亿元，同比增长15.2%。

华住中国RevPAR（平均可出租客房收入）达132元，已恢复至2019年同期（疫情前）的74.3%。

此外，平台还可以利用其技术能力，持续增强时空场景的个性化建模能力，推动商家促销能力提升，从而提升消费。以支付宝App首页为例，推荐算法引导用户访问商家小程序的效率对比人工规则匹配模式提升超过150%。

2. 信任塑造：营造软环境挖掘消费潜力

如前文所述，与商品消费不同，服务消费是一个体验过程，需要有好的信任环境。支付宝作为一个起始于支付的平台，在建立信任机制方面具有天然的优势，有利于降低服务消费过程的复杂性，提高消费者的服务消费意愿。平台以数据为底座、以信任为基础，同商家共同实现交叉运营，通过对平台用户在商业消费环境的履约行为进行分析，提供更丰富的服务包，进而促进了消费。

一方面，平台通过云计算、机器学习等技术，客观呈现信任状况，为消费者和商户提供信任服务，通过"信任+生态"的方式解决人与商业服务、人与人之间的信任关系问题。

支付宝平台上涉及很多需要强信任的细分行业生活服务场景，如家政、兼职、租赁、酒店、二手、租房、出行、旅行、公共事业服务等。生活服务高度非标准化，加上其中很多细分行业低频、低客单价，企业盈利能力不强、服务人员收入不高等因素，导致服务质量参差不齐，"找不到、不满意""小麻烦、大困扰"的问题一直存在。支付宝平台通过开放芝麻信任能力，使生活服务的匹配效率提高的同时，帮助相关领域满意度明显上升、投诉率大幅度下降。

以家政行业为例，近年来由于中国社会的家庭小型化、人口老龄化进程加快，加之二孩政策、三孩政策的推行，家政服务潜在需求持续增加。这样的背景下，中国家政市场需求持续升温,且线上需求增长快,家政消费预定线上化持续增强。2020年用户线上渗透率由2018年的47.8%上升至71.4%,短短3年时间上涨23.6个百分点。然而,同用户线上化率相比,劳动者线上化程度严重偏低。2021年6月,家政从业人员总量为3275万人,家政平台劳动者月活跃量最高的仅为29.4万人,线上化率不到1%。调研数据显示,2022年有45.7%消费者认为雇用家政人员价格太高,显示家政服务领域的潜在需求要变成现实需求,需要有高的匹配效率和强信任机制,平台可以在该方面发挥巨大作用。平台通过加快信息传播、提高匹配效率、增强交易透明度,有助于挖掘家政服务的潜在需求。支付宝平台的芝麻信用是一种强信任机制,通过这种信任机制的介入,如果能够实现家政服务消费1%的增长,就有着百亿级的潜在消费被激发出来。

另一方面,平台解决了消费者信任问题,也能够促进更多的预付费形式的消费。支付宝依托独有的信任风控能力,推出芝麻先享、芝麻免押等产品,帮助减少预付费服务消费过程中的后顾之忧,提升消费意愿。芝麻免押是结合芝麻风控能力与支付宝预授权能力的免押金产品能力。在冻结用户资金前先由芝麻对其进行可信任评估,根据商家自行界定,芝麻分达到一定程度的用户可以先用服务,无须交押金,帮助商家控制风险的同时,降低用户使用服务的门槛。目前,租车、租物、充电宝、景区、酒店等已支持芝麻免押,已为上亿消费者累计免掉了4000亿元的押金。而接入芝麻免押能力的商家,用户订单平均增长120%,客单价提高42%。芝麻先享通过让用户"先享权益,承诺任务"来帮助商家降低用户决策门槛,有效提前锁定用户消费。具体来说,用户可以先享受现金、红包、优惠券等权益,并承诺在一定时间内完成商家指定的任务,如消费、订阅等,若中途退出则需退回已享优惠。移动、电信等运营商2022年已经接入芝麻先享能力打造新的商业模式、代替预存模式,用户承诺在网两年,则可先享 1000 元话费或手机,用户违约则扣回已享优惠。目前已应用在 18 个省份的运营商,年服务千万量级用户。奶茶品牌沪上阿姨通过使用芝麻先享能力,使最终用户的 7 日复购率提升 5.5 倍,月复购次数平均提高 1.8 次。

为了全面评估开通芝麻服务(包括芝麻信用免押服务和芝麻信用先享服务)对促消费的影响,我们在支付宝平台上随机抽取了 4 万名消费者样本,其中上海、杭州、重庆和成都各随机抽取了 1 万名消费者作为研究对象,观察期为 2023 年的 28 个周,每周观测一次,第 13 个观测值为第 13—28 周用户消费的平均值。在观察期中,每个城市均有一半的消费者在第 5 周开通芝麻服务。这里开通是指消费者就使用的芝麻信用产品服务进行签约。

我们以用户开通芝麻服务作为准自然实验,考察芝麻服务开通对于用户消费金额的影响。以开通芝麻服务的用户作为处理组,未开通用户作为控制组,构建以下双重差分模型:

$$y_{it} = \beta_0 + \beta_1 Treated_{it} + \theta'(Control \times f(t)) + \varphi Treat_i \times t + \eta_{ct} + \gamma_i + \varepsilon_{it} \quad (2)$$

$$Treated_{it} = Treat_i \times Post_t$$

模型(2)为双重差分估计模型,其中 c 表示城市,i 表示用户,t 表示周,y_{it} 为被解释变量,表示 i 用户在第 t 周的支付宝交易金额(经过对数变换)。$Treat_i$ 为处理组虚拟变量,表示用户是否开通芝麻服务,若用户开通则设定为 1,否则为 0。$Post_t$ 为处理效应时期虚拟变量,由于芝麻服务于第 5 周开通,故将第 5 周及以后的 $Post_t$ 设定为 1,之前则为 0。$Treated_{it}$ 为芝麻服务虚拟变量,是 $Treat_i$ 与 $Post_t$ 的交互项,也是双重差分模型的核心解释变量,同时我们在模型中加入 $Treat_i \times t$ 用来控制处理组与控制组之间的不同线性趋势。

此外,为了得到模型(1)中 β_1 的无偏估计,通过加入影响用户开通芝麻服务的一组用户层面的特征变量 Control，具体包括性别、年龄、芝麻信用评分来缓解模型内生性问题，模型中 $f(t)$ 为时间趋势 t 的三次多项式，加入 $f(t)$ 与前定变量 Control 的交互项能控制住可观测变量的变动趋势。β_0 为常数项，η_{ct} 为城市—周的交互固定效应，γ_i 为用户固定效应，ε_{it} 为随机扰动项。β_1 为核心解释变量 $Treated_{it}$ 的系数，其经济含义可解释为芝麻服务的开通对用户支付宝交易金额的影响。此外，模型估计中的标准误在用户层面进行聚类处理，以缓解可能存在的序列相关问题。

从 DID 模型结果可以看出，相较于未开通芝麻服务的抽样用户，开通芝麻服务的用户总消费额平均提升了 8.3%。若进一步将消费分为服务消费和商品消费，则开通芝麻服务使得用户的商品消费平均提升了 13.14%、服务消费提升了 7.5%，具体结果如表 3-4 所示。

表 3-4　　实证回归结果

	（1）总效应	（2）分行业	
		服务消费	电商消费
Treated	0.083 ***	0.0750 ***	0.1314 ***
	(0.0107)	(0.0116)	(0.0091)
Constant	3.5539 ***	2.8277 ***	2.5611 ***
	(0.0081)	(0.0086)	(0.0067)
Id FE	Yes	Yes	Yes
City * Week FE	Yes	Yes	Yes
Treatment trend	Yes	Yes	Yes
Control * $(t + t^2 + t^3)$	Yes	Yes	Yes
Observations	520000	520000	520000
R^2	0.7750	0.7388	0.7889

从图 3-7 中事件分析法（ESA）的结果可以看出，在未开通芝麻服务的前三周（以芝麻服务开通的第一周作为基准组），核心解释变量 Treated 的系数均不显著，说明满足平行趋势假设，未开通前，开通组与未开通组的总消费趋势相同。第 5 周开通芝麻服务后，核心解释变量 Treated 的系数均显著为正，第 6—12 周消费水平较开通前有很大提升。值得注意的是，在第 13—18 周，即开通后的第 8—13 周，开通芝麻信用仍显示出对消费显著提升的趋势。这说明芝麻服务的开通不仅在开通周显著提升了用户的消费金额，随着时间的推移，芝麻服务的开通对消费者总支出的提升效果更为显著。

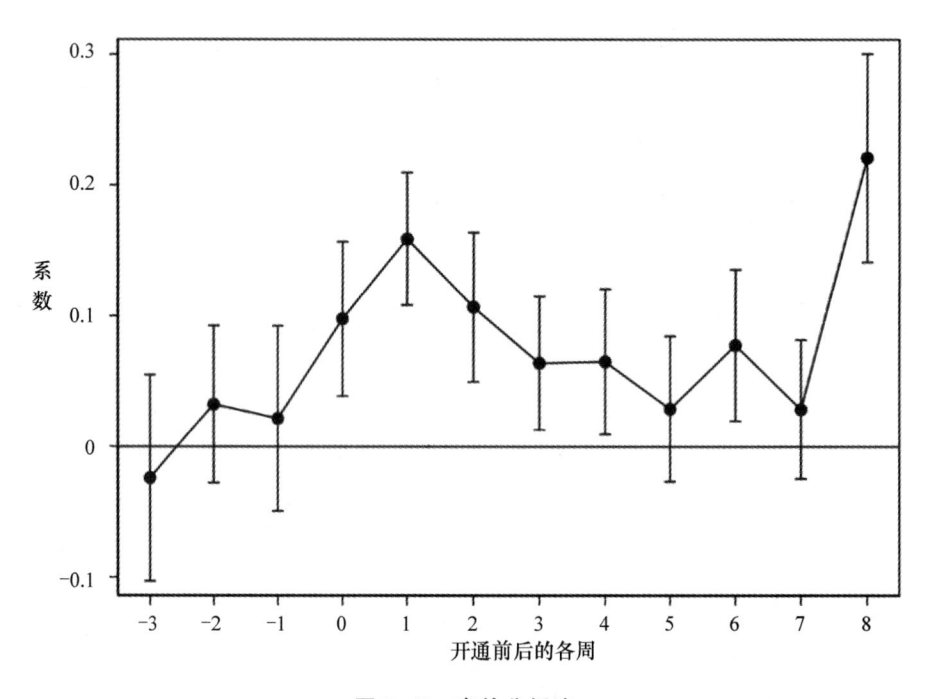

图 3-7　事件分析法

例如，"安心充"是支付宝针对商家会员运营场景提供的数字化储值卡产品，助力商家筛选高黏性、高净值会员。顾客充值后，资金由第三方合作银行提供资金担保，随时可退款，解决了很多顾客在充值时对商家"跑路"的顾虑，提高了充值积极性。据统计，中小商家（有收款码的商家）接入支付宝安心充能力后，平均用户消费频次提升1.1倍，客单价提升58%，用户消费金额提升174%，资金安全保障达到100%。

此外，平台在公共服务领域积累的资源，能够为促进相关方面的消费营造良好的软环境，提升了消费者福利。近年来，支付宝作为公共服务资源的承载平台，有效降低了消费者在公共服务领域的交易成本，显著降低了消费者在公共服务缴费方面的等待时间，提升了资源配置及使用效率。

3. 强链接：满足多样化服务需求

近年来，支付宝平台顺应消费升级趋势，将更大范围的个性、小众、低频、多样的服务需求汇集，通过低成本、快速匹配供需，培育新型服务消费场景，越来越多的服务供给者和消费者从平台的网络外部性中受益。

一方面，平台在老年人群体中的普及，对促进消费有较大的潜力。据第七次人口普查数据，2020年年底，中国60岁及以上的老年人口为26402万人，占总人口比重的18.7%。其中，65岁及以上人口为19064万人，占总人口的13.50%，成为目前世界上唯一一个老年人口超过2亿人的国家。但是，在银发消费方面，中国仍不成体系，不但缺乏专门针对老年人的消费平台，也缺乏根据老年人特点开发出来的新产品。支付宝平台通过与商家、服务商协同，精研银发消费的特点，开发出更加符合老年人消费的产品、营销模式和消费方式，从而推动老年消费。另一方面，平台在降低低线城市服务消费的搜寻成本的同时，使低线城市更容易在有限空间里达到相应服务密度的阈值要求，从而有助于增加小城市服务供给的丰富性和多样性，挖掘下沉市场的消费潜力。分城市等级来看，低线城市的支付宝消费支出金额在过去三年展现出更高的涨幅，五线城市三年复合增长率超10%，六线城市达15%。

在新技术、新体验的催化下，中国生活服务业新业态得到迅速发展，其中即时零售就是平台协力创新形成的一个典型消费场景。当前，人们对时间效用的理解有所转变，以边际收益定价替代边际成本定价，在使用即时零售消费时"只买要的"，愿意为即时购物支付溢价。在新冠疫情及消费者需求变化的双重影响下，消费者对购物的时效性要求更高，从延时满足到即时满足，逐渐成为主流的消费需求。埃森哲的研究报告显示，超过50%的"95后"消费者希望在购物当天甚至半天就能收货，7%的消费者希望能在下单后两小时收到商品。作为一种更符合需求的电商，即时零售以即时配送体系为基础，形成了高时效性的到家消费业态。作为融合线上与线下，高度满足消费者即时性、便利化需求的新型零售业态，即时零售近年来呈现出蓬勃发展态势。在平台生态的协同下，即时零售消费品类结构不断优化扩展，对消费者的需求满足能力更强。调研发现，即时零售帮助消费者触达更大范围的商超店铺，将可触达的商超店铺物理半径从1000米扩展至3000米以上，从而通过提升有效需求拉动消费。

而随着便利店逐渐变成城市发展的"基础设施"，消费者对便利店的关注也从应急商品的售卖，逐渐转移到对服务体验的关注，服务感将成未来竞争核心。在这方面，山西社区便利店的发展为平台促消费的强链接效应提供了很好的注脚。在太原，便利店的密度已经比肩东京，每走500米就能看到一家便利店，便利店的数字化更是全国领先。便利店被称作山西人的"另一个家"，市民在便民店不仅能买生活必需品，还能定做生日蛋糕，买彩票，缴纳燃气费、有线电视费，打印传真，收发快递，共享租赁，家电清洗，甚至还能买到首饰、鲜花、家用电器，未来将有望向养老家政服务、废旧商品回收以及医疗、教育、报警等服务拓展。通过线上与线下联动促销、发券、核销，本土便利店不仅能够有效拉新，还能够建立与消费者的无缝、持续连接,从而即时满足消费者多样甚至低频小众的服务需求,打造了当地人离不开的"一公里便民生活圈"。高密度店面数量、保姆级的服务、老少渗透的高度数字化,共同造就了便利店行业的"山西现象"。

4. 内容营销:创新消费场景,提升消费黏性

从消费人群来看,"85后"乃至"95后",正在成长为消费的主力。他们作为互联网的原住民,获取商品及服务的信息更加全面,对消费的选择更加敏锐、挑剔,也更加富有个性,传统模式下趋同性消费逐步转变为个性化消费。"兴趣消费"快速增长,在兴趣消费者中,蕴含着社交、悦己等情感属性的兴趣消费平均月支出占比为27.6%。在消费理念方面,随着居民收入水平的增长,消费者更加注重生活品质,在消费过程中,不再仅追求获得产品的最基本使用价值,而是期待所使用的产品有质量以及信誉作为保障,期待产品具有更丰富的文化内涵。以网络直播为代表的内容营销,通过优秀的内容、激励机制、网红魅力、良好的互动、建立信任等帮助消费者做出购买决策,在促进消费方面具有独特的价值。

以支付宝为例,不同于纯电商平台与纯直播电商平台,支付宝平台用户的交易心智明确,因此平台做内容不同于前两类平台,其核心是通过内容增加用户的触点,提高用户的黏性,实现高互动与高转化。

以河南博物院为例,作为文旅行业的一个网红IP,河南博物院馆藏文物多达17万件,一直走在创新的前列。2019年以来,河南博物院积极探索数字化创新,通过支付宝小程序向用户推出3D文物、数字文创产品、数字藏品、AR弹幕服务(全国首个)、有声数字纪念票、在线考古产品等数字化服务。通过支付宝开放的数字化能力,河南博物院把考古这项具有较高门槛的工作搬到了线上,让用户能在手机上体验考古的魅力。

2021年10月，河南博物院根据爆款产品"考古盲盒"在支付宝上推出"一起考古吧"小程序，一共吸引了2.7亿人次的关注和参与。2022年，有700万名用户使用河南博物院支付宝小程序。为了吸引更多年轻用户，河南博物院通过数字藏品来传播传统文化，截至目前共发行8款文创数字藏品。其中，集五福期间，又携院藏文物"青玉虎形佩"发行了新一款数字藏品，用户可用福卡进行兑换，具有一定的珍藏价值。

再以黄山景区为例，2019年黄山景区上线支付宝小程序，并围绕小程序开展了一系列线上与线下结合的文旅数字新体验，如一站式预订游玩、文创产品、数字藏品、先游后付等。黄山通过支付宝生活号展开内容营销，包括视频、直播、满直播等形式，展现丰富山岳文化给游客"种草"，系列直播更是开启山岳景区"云游"模式。"城市邀请函"直播吸引超过94万目标游客涌入黄山直播间，带动"黄山"小程序访问量增长了194%。黄山还通过支付宝小程序以及平台提供的数字化能力，发力探索数字文创周边，上线"首款数字文创纪念门票"、3D AR数字纪念门票等一系列数字藏品。又如，北京海洋馆于2021年12月开始运营支付宝生活号。生活号的直播不仅对场馆起到了良好的宣传作用，还因用户更具交易心智而带来更高转化。因为支付宝生活号与小程序打通，用户在生活号看直播，就能一键跳转至北京海洋馆小程序购买门票。依赖于直播的订票量已翻3倍，来自支付宝渠道的订单量占比已经跃至全渠道第二。

从总体上看，平台在促进消费方面取得了较好的成效。在精准发券方面，通过协助政府高效发券、帮助商家精准发券、平台自身发券等方式，利用平台与服务商的能力提升商家私域流量运营水平，通过需求拉动与供给引致，实现一次杠杆效应和二次杠杆效应。根据测算，从2020年至今，支付宝平台通过发券、平台促销等手段累计带动消费近3000亿元。服务消费要求具有较高的信任环境，平台所建立的信用机制，极大地提升了消费需求。实证研究结果表明，相较于未开通芝麻服务的抽样用户，开通芝麻服务的用户总消费额平均提升了 8.3%。平台实现了多供给者与海量需求者的集聚，通过平台的技术能力，供给者能够提供更符合不同类别消费者的多元化个性化服务与产品；海量需求与多元化供给，结合平台高效的匹配能力，降低了消费过程的交易成本，提升消费效率，满足多元化的服务需求，从而带来了额外的消费增量。平台利用生活号、直播等丰富的内容，创造了很多新的消费场景，从而促进了新消费需求的产生。

（五）提高互联网平台消费促进作用的相关政策建议

如前文所述，随着产业结构的优化和人们可支配收入水平的提高，中国服务消费比重不断接近商品消费，并呈现出消费分级、理性需求的显著趋势。平台经济的兴起促成了消费特征历史性趋势的转变，顺应时代重塑了消费的业态模式，借由信任效应、链接效应、口碑效应、赋能效应和创新效应，平台可有效释放消费需求潜力，推动实现供给与需求协调共进的高效循环。为此，应从以下方面发力，更好地发挥互联网平台在促消费方面的重要作用。

1. 着力形成促消费的合力，引导平台发挥更大作用

依托传统消费旺季聚焦重点服务领域，组织开展多领域融合、线上与线下结合、城乡区域联动的各类促消费活动，鼓励各类市场主体开展形式多样的优惠促销活动，进一步提升服务消费市场人气、释放消费潜力。加强政企合作，鼓励平台在消费券发放、消费政策实施、重点领域支持等方面发挥更大的作用。推动服务业数字化、智能化改造和跨界融合，营造鼓励基

于需求微创新的政策环境，出台促进服务业数字化创新的政策，引导平台生态内的技术创新、营销创新、业态创新和模式创新。

在消费券发放等场景下，需要政府、商家与平台的全面协同，将消费券、优惠券、平台券等协同应用，综合利用技术、数据、运营等多方面的能力，不但提升一次杠杆效应，而且使效应更持久，从而形成多次杠杆效应。

2. 发挥服务平台的枢纽作用，着力打造在线消费生态体系

发挥平台连接市场、畅通供需的功能，为众多小众、低频新兴服务业态集聚消费者，培育个性化服务市场。推动线上与线下融合，利用数字技术更新传统服务的交付模式、体验模式、运营模式，扩充服务消费内容、增大服务消费空间，大力发展线上社交、云体验、预约服务、无接触服务、到家服务等新兴服务。推动平台发挥数字化转型枢纽功能，支持建设大数据、云计算中心和智能分析系统等；推进服务数字化转型，推动中小服务企业上云用数，赋能服务商户；加大智慧餐饮、智慧出行、智慧商圈、智慧旅游等建设投入。利用数字化服务平台的相关评价榜单，增加线上曝光度，激发消费活力；政府部门积极利用平台所建立的信任机制，将其推广到更多的消费场景，从而打消消费者的顾虑，将更多的潜在消费需求挖掘出来；发现并培育中国服务品牌，通过平台流量、网红、达人等推动服务品牌成长，形成线上与线下融合互动、双向繁荣的局面。

3. 鼓励用户参与价值创造和创新过程，促进开放式创新

本项研究的分析表明，平台评论内容及据此产生的平台评级，会为消费者和生产者带来福利，有助于更好地实现服务消费供需对接，畅通服务消费内循环。同减少知识产权的作用类似，政策应激励用户参与创造价值。作为一种新型基础设施，在服务领域鼓励平台发展，就是向人们提供必要的信息基础设施和通信技术资源，引导人们参与经济创新和社会生活。另外，应制定便利数据通用和数据流动的政策，促进生产者和服务提供方通过获得创新所需的消费者使用体验数据改善其产品和服务，使数据通用的政策将有效促进开放式创新。当然，也应高度重视的是，需要加快完善平台在数据收集、隐私保护、知识产权保护等方面的规则制度，明确数据收集与使用范围，加强消费者权益保护。

4. 引导企业重视线上声誉管理，推动数字化代运营服务发展

本书指出，在平台上发生的信息共享、协作、讨论、反馈和评估等非物质劳动，有助于生产商通过数据挖掘进行价值创造。虽然正面口碑可以对消费者购买决策产生显著的积极影响，但负面口碑甚至对消费者态度和行为可能具有更大的影响。因此，在以消费者为导向的商业平台上正确树立企业形象，进行在线声誉管理至关重要。服务价值共创的发展将导致公司营销重点的变化，企业应适应趋向于个性化客户体验以增强客户关系的趋势，优化产品内容、努力获得产品评论，增进品牌的线上声誉和客户忠诚度。鼓励平台从交易、推广、店铺信息展示、经营评分等方面，帮助商户特别是中小商户提升线上运营能力，推动数字化代运营服务的发展。

四　互联网平台的就业效应研究

就业是民生之本，党和政府一直以来都高度重视就业问题。党的二十大报告提出实施就业优先战略，健全就业促进机制，促进高质量充分就业，完善促进创业带动就业的保障制度。近年来，新就业形态蓬勃发展，成为中国劳动者实现就业和增收的重要途径。从当前中国国情实际出发，报告明确提出要支持和规范发展新就业形态，加强灵活就业和新就业形态劳动者权益保障。其中，"新就业形态"的表述首次出现在了党的报告中。2022年中央经济工作会议强调，要落实落细就业优先政策，把促进青年特别是高校毕业生就业工作摆在更加突出的位置，并明确提出"支持平台企业在创造就业中大显身手"。

在就业生态系统中，互联网平台作为新经济形态的主要参与者和新就业形态的主要承载者，不仅聚合了数据、技术和资源，也连接着千万中小微企业和几亿劳动者，具备强大的就业吸纳能力，作为就业"蓄水池"和"稳定器"的作用日益显现。平台对就业的价值不单纯体现在数量方面，平台具有连接器的功能，在其自身吸纳就业的基础上，通过平台技术和资源降低就业市场的交易成本和交易风险、减少工作搜寻成本，能够起到倍增的放大作用，从而创造了更多的社会经济价值。

（一）互联网平台促进就业的理论

现有研究表明，互联网平台对就业的影响包括创造效应、替代效应①和综合效应，在不同时期、不同区域、不同领域具有不同的表现形式，最终对就业的影响是多种效应综合作用的结果。②

1. 创造效应

首先，互联网平台本身的管理经营需要大量劳动力，直接创造了就业需求。③ E. Moretti 指出，2001—2011 年，互联网行业的工作岗位数量增长了 634%，是同一时期在其他国家/地区经济总体工作岗位数量增长率的 200 倍以上。④ 咨询公司麦肯锡（McKinsey）估计，仅互联网部门就构成了 2004—2008 年美国经济增长的 1/5，其是吸纳增量就业的重要来源。

其次，互联网平台通过技术创新，产生了新产业、新部门、新产品，进而促进就业增长。D. Acemoglu 和 P. Restrepo 研究发现，自动化技术的升级不仅可以降低生产成本，而且贡献了美国 1980—2010 年就业增长的一半左右。⑤ 王文通过实证发现，工业智能化水平的提升增加了服务业特别是知识和技术密集型

---

① David Autor, Frank Levy, Richard Murnane, "The Skill Content of Recent Technological Change: An Empirical Exploration", Cambridge, MA: National Bureau of Economic Research, 2001.

② 胡拥军、关乐宁：《数字经济的就业创造效应与就业替代效应探究》，《改革》2022 年第 4 期。

③ Philippe Aghion, Peter Howitt, "A Model of Growth Through Creative Destruction", *Econometrica*, Vol. 60, No. 2, 1992, p. 323.

④ E. Moretti, "The New Geography of Jobs", *Mariner Books*, 2012.

⑤ D. Acemoglu, P. Restrepo, "The Race between Man and Machine: Implications of Technology for Growth, Factor Shares, and Employment", *American Economic Review*, Vol. 108, No. 6, 2018, pp. 1488-1542.

现代服务业的就业份额，促进了行业就业结构高级化，有助于实现高质量就业。①

再次，数字经济与实体经济的融合使得"互联网+"在各行各业广泛渗透，由此诞生的新模式、新业态推动就业朝着形态多样、形式灵活的方向快速变化。这一过程创造了大量的就业岗位，并且不断涌现出新的职业类型。由于平台模式降低了交易成本，产生了大量通过平台市场而形成的服务交易（OECD称之为 the "x"-economy，即"x"经济）②，在这些交易中，个人直接与个人或公司进行交易，从而产生了基于平台的新就业形态。这些就业形态不但降低直接向最终客户销售产品或服务的准入门槛，能够实现诸如交通、配送、跑腿等本地服务，而且具有跨越时空的特点，能够实现远程就业。江小涓发现，互联网时代下的信息传播速度极快，交易成本和资源配置成本降低，催生了"网红""主播"等新的职业类型。③ 波士顿咨询集团 BCG 2019 年指出，Upwork 和其他自由职业者的就业平台使远程就业成为可能，并帮助发展中国家的低成本熟练劳动力从发达国家获得工作。④ Upwork 已将印度和菲律宾列为仅次于美国的第二大和第三大劳动力来源。莫怡青和李力行则以外卖平台兴起为例，进一步研究发现，数字技术的发展，大大拓宽了"零工经济"的应用场景，催生了一大批新就业形态，创造了大

---

① 王文：《数字经济时代下工业智能化促进了高质量就业吗》，《经济学家》2020 年第 4 期。

② "New Forms of Work in The Digital Economy", OECD, https://www.oecd-ilibrary.org/science-and-technology/new-forms-of-work-in-the-digital-economy_5jlwnklt820x-en.

③ 江小涓：《高度联通社会中的资源重组与服务业增长》，《经济研究》2017 年第 3 期。

④ "Year 2035: 400 Million Job Opportunities in the Digital Age, A Study of Employment and Talent in the Digital Economy (Part I)", BCG, 2019.

量就业的同时还带动金融、信息、科研和人力资源等行业的创业。① 在2019—2022年国家发布的4批、56种新职业中，数字化管理师、物联网安装调试员等与平台相关的职业占相当高的比重。此外，有关数据显示，截至2021年年底，中国灵活就业人员已达2亿人；2021年以来，10家头部平台经济关联企业用工人数保持20万人以上。

最后，互联网平台吸纳员工带来了大量引致型就业。互联网平台的就业人员具有较高的收入水平，其将带动所在城市的就业，产生乘数效应。E. Moretti 2012年的研究表明，对于一个城市中每增加一个以数字经济为代表的高科技职位，最终都会在该城市的高科技部门之外创造五个工作岗位，包括技术性职业（律师、教师、护士等）和非技术性职业（服务员、美发师、木匠等）。例如，旧金山的Twitter每新聘一位软件设计师，就会在城市社区中产生诸如咖啡师、私人教练、医生和出租车司机等5个新的职位空缺。以苹果公司为例，它在库比蒂诺（Cupertino）拥有12000名员工。但是，通过乘数效应，该公司在整个大都市地区创造了60000多个额外服务工作岗位，其中36000名非技术人员和24000名技术人员。

2. 替代效应

互联网平台对就业的替代效应的研究主要集中于三个方面。

其一，大量研究表明，互联网平台通过技术革新对资本与劳动要素进行重组升级与再配置，降低了劳动力的比较优势，出现"机器换人"的现象，进而导致原有岗位的劳动力失业。②

---

① 莫怡青、李力行：《零工经济对创业的影响——以外卖平台的兴起为例》，《管理世界》2022年第2期。

② 王林辉、胡晟明、董直庆：《人工智能技术会诱致劳动收入不平等吗——模型推演与分类评估》，《中国工业经济》2020年第4期。

并且，这种劳动力短缺效应大部分来源于中低技能劳动者。①

其二，作为平台经济的主要载体，互联网平台在新一代信息技术的驱动下，加速了新旧业态的交替，造成了原有就业岗位的减少甚至消亡，产生结构性失业。② 比如，在中国，电子商务的出现使得传统线下商贸和零售业的就业岗位大幅下降。Forrester Research 研究公司称，亚马逊每个全职员工能产生的销售额超过 60 万美元，是零售业均值的 3 倍，这势必减少零售行业的就业人员。

其三，面对数字技术的快速迭代和加速渗透，有关企业数字化转型后劲缺乏，劳动力市场也未能及时做出反应，社会尚未建立健全专业技能人才的培养体系，这些因素在很大程度上会制约原有就业岗位的稳定和发展。由于原有岗位的劳动力未能及时获得该岗位所需的技能和知识，从而会产生摩擦性失业。③

3. 综合效应

一方面，从劳动力就业技能结构来看，尽管数字技术进步在短期确实会产生替代效应，从而引发局部失业现象。但是低技能的劳动力被替代的同时，互联网平台对高技能劳动力的需求会显著增加。④ 并且，随着平台经济的蓬勃发展，就业形态更加灵活化、多元化，培育了大量新的就业岗位，最终产生的

---

① 柏培文、张云：《数字经济、人口红利下降与中低技能劳动者权益》，《经济研究》2021 年第 5 期。

② 杨飞虎、张玉雯、吕佳璇：《数字经济对中国"稳就业"目标的冲击及纾困举措》，《东北财经大学学报》2021 年第 5 期。

③ 黄浩：《数字经济带来的就业挑战与应对措施》，《人民论坛》2021 年第 1 期。

④ G. Lordan, D. Neumark, "People Versus Machines: The Impact of Minimum Wages on Automatable Jobs", *Labour Economics*, Vol. 52, 2018, pp. 40 – 53；方建国、尹丽波：《技术创新对就业的影响：创造还是毁灭工作岗位——以福建省为例》，《中国人口科学》2012 年第 6 期。

"净岗位创造效应"会增加市场的就业容量。① 另一方面,从产业就业结构来看,共享经济、零工经济的不断发展,将促使第三产业的就业吸纳能力持续增强。② 但是,这并不意味着其他产业部门就业减少。李逸飞等通过实证研究发现,制造业就业与服务业就业之间存在双向促进作用机制,城市制造业就业每增加1%,会带来服务业就业0.45%—0.47%的提升;服务业就业每增加1%,会带来制造业就业1.15%—1.16%的提升。③

(二) 互联网平台促进就业的机制

随着数字经济的快速发展,互联网平台为培育新就业机会、开创就业新局面提供了强大的新动能,数字经济发展推动就业结构改变,释放新兴就业需求,第三产业就业规模持续扩大。根据中国信息通信研究院《中国数字经济就业发展研究报告:新形态、新模式、新趋势(2021年)》统计的数字经济招聘岗位结果,产业数字化领域面向消费端的第三产业就业岗位占比达到60.2%,人才需求远超第一产业(0.1%)、第二产业(7.1%),对新媒体、自媒体、直播、视频等领域的人才拥有较强的就业吸纳能力。基于互联网平台的创新就业形态,在中国经济和就业发展中扮演着日益重要的角色。互联网平台对就业的促进作用主要体现在以下三个方面:

---

① G. M. Cortes, N. Jaimovich, H. E. Siu, "Disappearing Routine Jobs: Who, How, and Why?", *Journal of Monetary Economics*, Vol. 91, 2017, pp. 69 – 87;张新春、董长瑞:《人工智能技术条件下"人的全面发展"向何处去——兼论新技术下劳动的一般特征》,《经济学家》2019年第1期。

② 杨伟国、邱子童、吴清军:《人工智能应用的就业效应研究综述》,《中国人口科学》2018年第5期。

③ 李逸飞、李静、许明:《制造业就业与服务业就业的交互乘数及空间溢出效应》,《财贸经济》2017年第4期。

1. 平台增加直接就业岗位

互联网平台企业创造就业岗位。由于互联网公司员工规模庞大，招聘人员较多，增加直接就业岗位，同时，"平台式就业"效应明显，带动其他行业如上下游企业发展。领英《2021年新兴职位趋势报告》数据显示，电子商务、内容营销、软件开发和工程等自带数字化基因的职位正在成为招聘新风口，催化新兴就业需求，就业规模持续扩大。

2. 平台带来引致就业

互联网平台促进骑手、快递小哥、电商主播等新就业形态发展，为就业困难人员等各类人群提供更多就业机会。据不完全统计，近年来，支付宝在推动服务业数字化的同时，拉动了40余种全新职业。例如，服务商、小程序开发员、平台运营人员，随着支付宝向下沉市场渗透，出现了收钱码软件开发师；随着支付宝出海，出现了海外退税指导师；还有蚂蚁森林种植员。中国劳动和社会保障科学研究院联合蚂蚁集团研究院针对通过蚂蚁平台从事经营性业务的企业主和个体经营者（包括已登记注册和未登记注册者）（B端商户）开展商家就业问卷调查的结果显示，首次创业与非首次创业者"平分秋色"，但人员结构各具特征。就创业次数而言，目前项目为首次创业的占比为49.93%，非首次创业的占比为50.07%。数据显示，近五成的商户雇用了城镇登记失业人员、就业困难人员——残疾人、复员转业退役军人、应届高校毕业生、返乡创业农民工、建档立卡贫困人口、化解过剩产能企业职工——失业人员等类型的就业群体，帮助他们实现了就业。其中，应届高校毕业生、返乡创业农民工、城镇登记失业人员是商户雇用的前三位，雇用了这几类群体的商户占比分别为15.84%、15.68%、15.44%（见图4-1）。这说明平台通过增加创业机会，加快现有市场主体发展，从而带来引致就业。

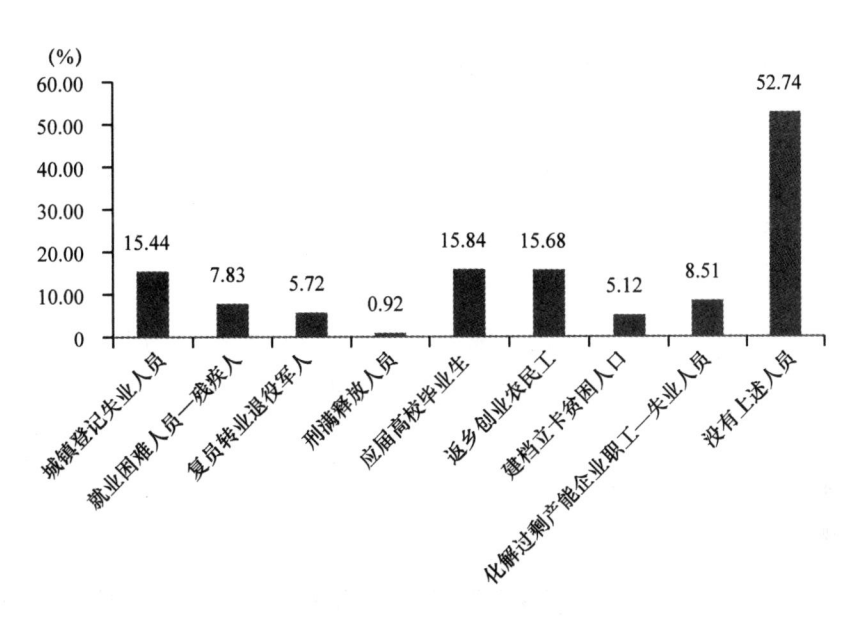

```
(%)
60.00
50.00                                                                    52.74
40.00
30.00
20.00  15.44                              15.84  15.68
10.00         7.83   5.72                               5.12   8.51
 0.00                      0.92
       城镇   就业   复员   刑满   应届   返乡   建档   化解   没有
       登记   困难   转业   释放   高校   创业   立卡   过剩   上述
       失业   人员   退役   人员   毕业   农民工  贫困   产能   人员
       人员   —    军人         生          人口   企业
             残疾                                 职工
             人                                   —
                                                 失业
                                                 人员
```

图4-1 创业商户雇用人员类型占比情况
资料来源：中国劳动和社会保障科学研究院、蚂蚁集团研究院。

3. 平台助力高质量就业

首先，互联网平台会聚了大量高技术、高技能人才。互联网行业较为重视技术和运营类人才，创造大数据工程技术人员、人工智能工程技术人员等新兴技术类岗位，互联网平台重视员工技能素质培养，增加高层次就业岗位数量。同时，灵活就业时间促进部分技能型和知识型人才开展自由职业。2022年，阿里等企业首次向应届生开放尖端技术岗位，需求影响供给，高端人才需求增加，带动就业人员知识技能提升。

其次，互联网平台促进了就业多元化和平等化。互联网企业助力电商创业，如阿里淘宝网店、拼多多青年返乡等，降低就业门槛，促进低技能劳动者、弱势群体就业多元化。同时，数字化的便捷在某种意义上促进了不同年龄劳动者的就业平等。

除了中青年劳动生力军,大龄劳动者也能通过互联网平台实现就业。调查显示,蚂蚁集团从创业者年龄、学历和身份等构成来看,各自呈现不同的结构特征。随着年龄的增长,再次创业的比例越来越高;再次创业与学历呈倒"U"形,即由初中及以下(48.17%)上升至高中(职高、技校、中专)学历者的峰值(53.74%),之后随着学历上升而下降,研究生中再次创业的占比为45.16%(见图4-2)。就不同经营地而言,地级城市和县级城市的非首次创业者相对集中,占比分别为53.03%和52.16%;直辖市/省会和街镇中首次创业者占比较大,分别为51.50%和51.28%。就创业前的身份而言,退休人员、灵活就业人员、其他人员中非首次创业占比分别为56.00%、55.39%、54.48%;应届高校毕业生、失业人员和农民工中首次创业占比较大,分别为71.19%、60.75%和56.80%。平台降低了创业的门槛,从而推动了创业型就业,增加了就业机会的多元化和平等性。

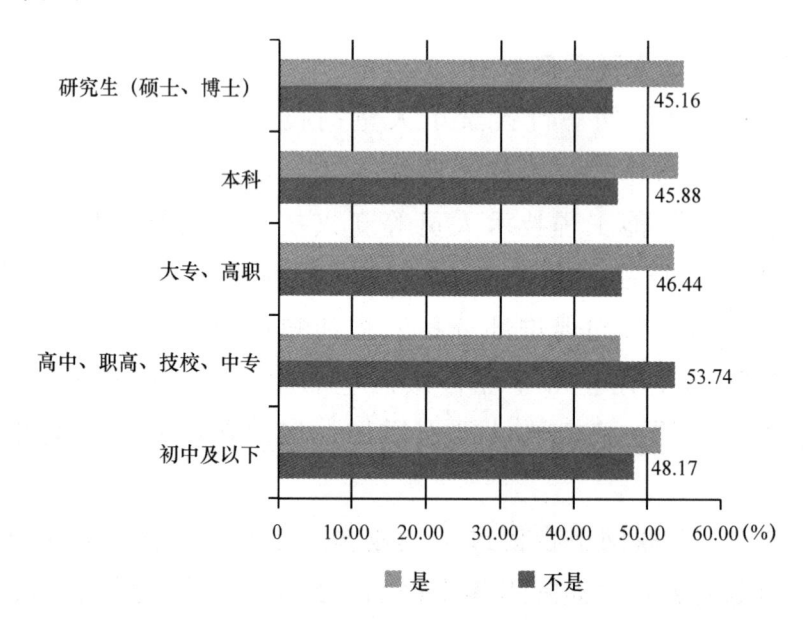

图4-2 不同学历商户是否首次创业情况

资料来源:中国劳动和社会保障科学研究院、蚂蚁集团研究院。

再次，互联网平台从业者收入水平相对较高，在区域间差距较小。

对大型数字化平台——支付宝相关的从业人员（包括平台商家员工和自由职业者）进行问卷调查的结果显示，近八成平台从业者月平均劳动收入在4000元以上；其中收入在4001—6000元的占比最高，达到26.4%；其次为6001—8000元；收入在10000元以上的人员比例也接近两成（见图4-3）。据国家统计局发布的数据，同年，城镇居民人均可支配收入为47412元。总体来看，平台从业者收入水平相对较高。

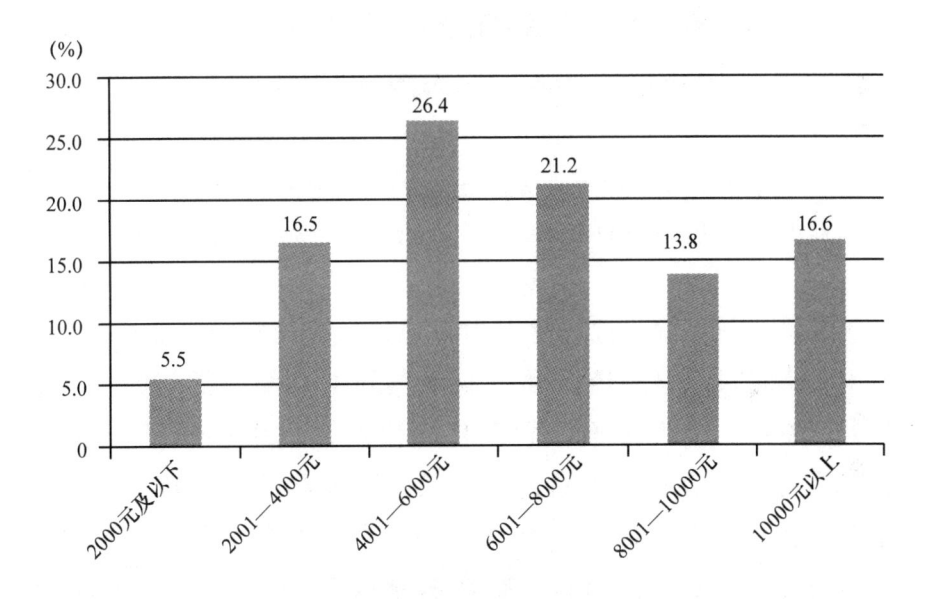

图4-3 调查样本月平均劳动收入分布情况

资料来源：中国劳动和社会保障科学研究院、蚂蚁集团研究院。

从地区比较来看，数字化经济带动欠发达地区收入提升效应明显。调查显示，华东地区的从业者高收入比例较大，8000元以上的占比达到34.3%，其中10000元以上的比例为18.9%。但从其他区域收入水平比较来看，从业人员月平均收入在8000元以上的比例除西北地区略低外，其他地区分布相对均衡（见图4-4），说明数字化新就业形态在提升区域收入水平，特别是提供高收入就业机会、缩短地区收入差距方面，具有较为明显的效应。

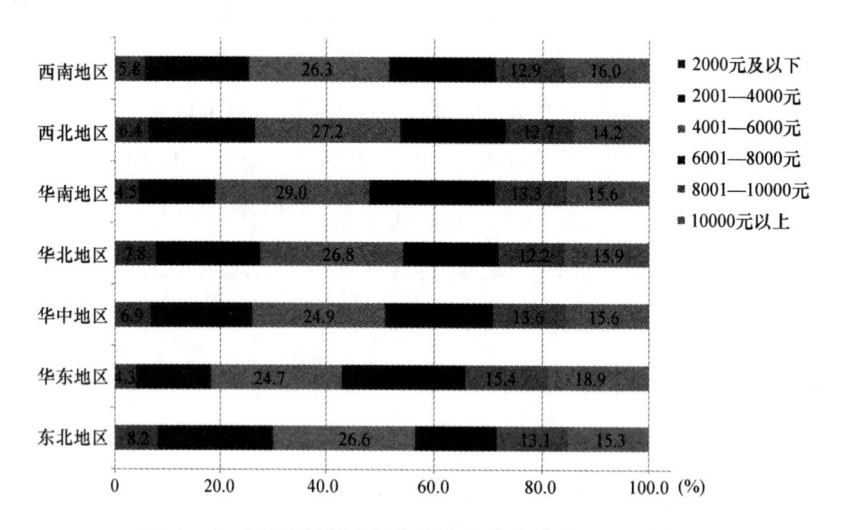

图 4-4　不同区域调查样本月平均劳动收入分布情况

资料来源：中国劳动和社会保障科学研究院、蚂蚁集团研究院。

最后，平台就业抗风险能力较强，具有较好的就业稳定性。

疫情期间，中国经济和就业增长的主要部分都与数字化有着密切关系。生产方面，数字化硬件所需的电脑、平板电脑、手机等网络通信电子产品逆势增长；流通和消费方面，无接触配送的物流、电子商务、网络直播、在线办公、教育、培训等大幅增长。蚂蚁平台网商银行数据显示，疫情期间商户受冲击较小，韧性较强。近四成商户营业额增加，尤其是60岁以上、研究生学历、经营地在城市，以前为企业、机关、事业单位人员的商户的营业额增加最明显。

2020年以来，受经济下行和疫情影响，企业商户的经营状况不同程度受到影响。为了了解宏观经济对数字化经济下创业商户经营状况的影响，问卷对2020年上半年和2019年上半年的营业额进行了对比。结果发现，超六成商户的营业额没有显著变化，近四成商户的营业额增加了20%—100%，其中

26.45%的商户增加20%以上，7.32%的商户增加30%以上，3.47%商户的增加50%以上（见图4-5）。这说明数字化经济下，网商贷商户在经营方面的韧性较强，受宏观经济下行及突发事件的影响可能更小一些。

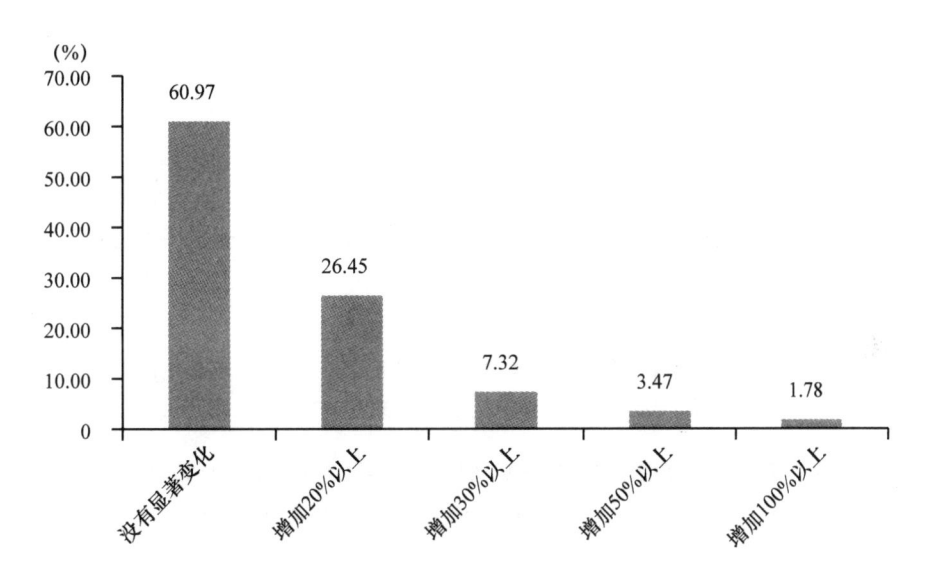

图4-5 网商贷商户2020年上半年经营状况同比情况

资料来源：中国劳动和社会保障科学研究院、蚂蚁集团研究院。

就不同年龄而言，60岁以上的网商贷商户2020年上半年营业额增加最明显（见图4-6），其年龄段商户中营业额增加100%的占比为9.68%，高于其他各年龄段；50—59岁商户中没有显著变化的占比最高，为70.09%。

就不同文化程度而言，研究生学历的网商贷商户2020年上半年营业额增加最明显，初中及以下文化程度的商户中没有显著变化的占比最高。具体而言，研究生学历的商户中同比营业额增加30%、50%、100%以上的占比均较高，且其没有显著变化的占比最低，仅为45.16%；初中文化商户中没有显著变化的占比最高，为66.63%。

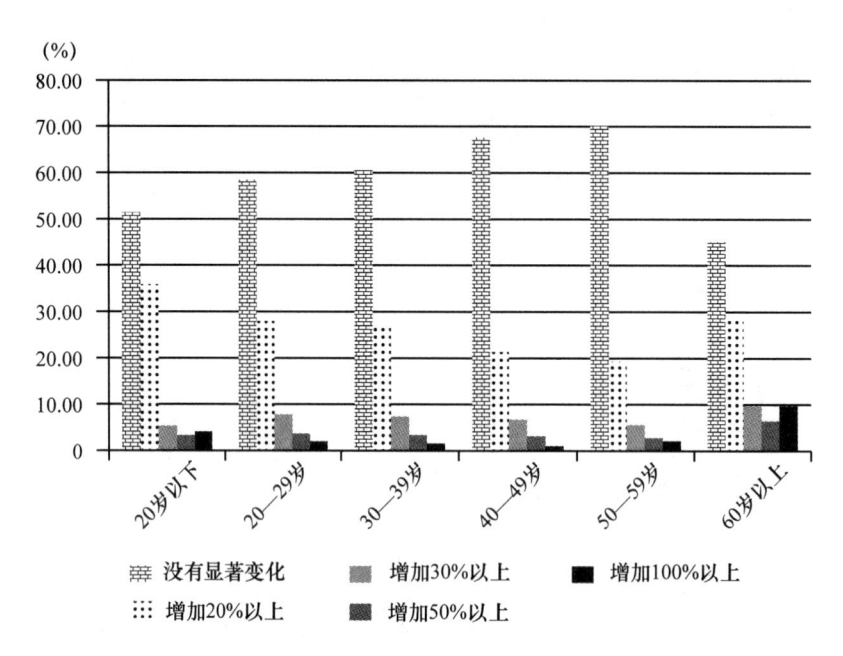

图 4-6 不同年龄段网商贷商户 2020 年上半年经营同比情况

资料来源：中国劳动和社会保障科学研究院、蚂蚁集团研究院。

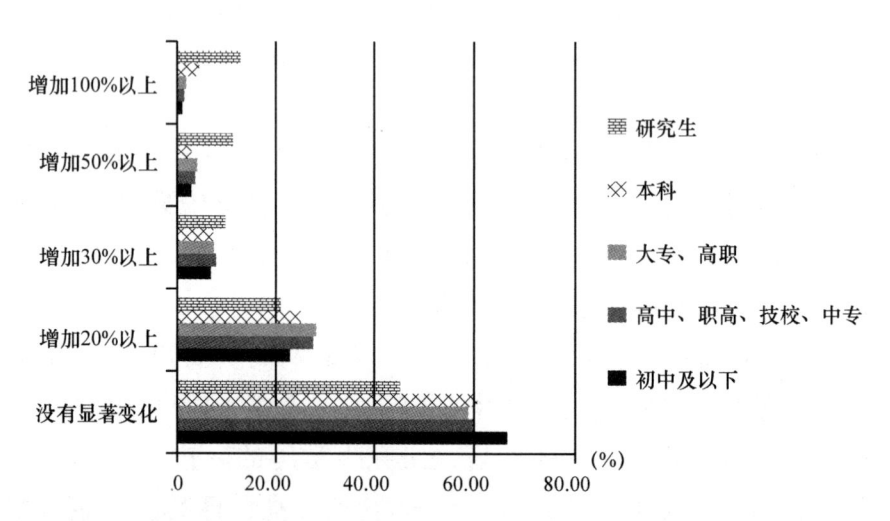

图 4-7 不同文化程度商户 2020 年上半年经营状况同比情况

资料来源：中国劳动和社会保障科学研究院、蚂蚁集团研究院。

就不同经营地而言，乡村商户的经营状况变化同比要弱于城市商户。具体而言，经营状况没有显著变化的商户中处在乡村的占比最高，为 64.38%；处在县级城市的占比最低，为 59.02%。

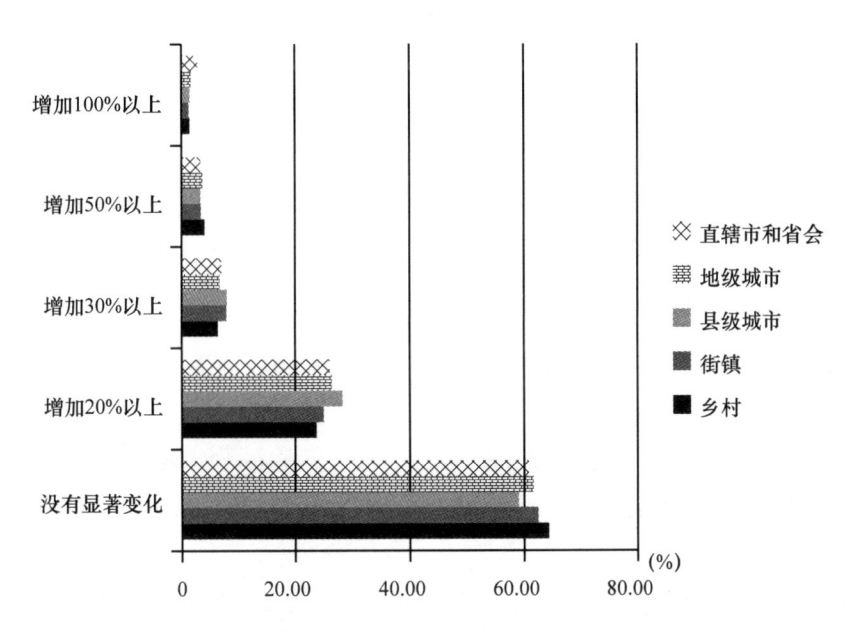

图 4-8　不同经营地商户 2020 年上半年经营状况同比情况
资料来源：中国劳动和社会保障科学研究院、蚂蚁集团研究院。

就创业前的身份而言，之前为失业/下岗人员的经营变化较小，之前为企业、机关、事业单位工作人员的经营状况变化较明显。具体而言，之前为失业/下岗人员商户中，2020 年上半年营业额同比没有显著变化的占比最高，为 76.64%；之前为企业、机关、事业单位工作人员商户中同比没有显著变化的占比最低，为 53.08%，而其增加不同比例营业额的占比均要高于其他群体。

能否获得稳定的就业机会和职业发展空间，是新就业形态从业者自身及社会关注的问题。调查显示，数字化新就业形态从业人员具有较好的就业稳定性，46.1% 的从业者从事现工作超过 3 年以上，当前工作从业时间在 1 年以上的超过七成。其

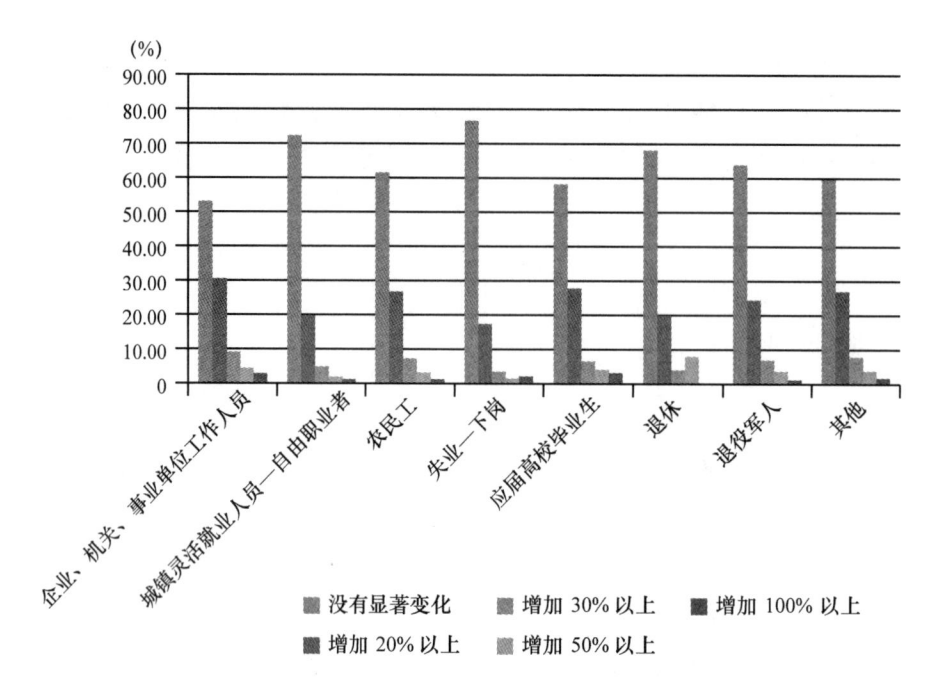

图 4-9　不同群体商户 2020 年上半年经营状况同比情况

资料来源：中国劳动和社会保障科学研究院、蚂蚁集团研究院。

中从业 1—3 年的比例达到 28.1%，4—6 年的比例为 19.0%，从业 6 年以上的比例为 27.1%（见图 4-10）。

从不同人群来看，退休人员中 50.9% 的人从事平台就业时间达 6 年以上，因此数字化技术对于老年人力资源的就业吸纳能力较强，其次为农民工和灵活就业者。

值得注意的是，应届高校毕业生中 31.7% 的人员从事平台就业的时间在 3 个月以内，这说明数字平台为 2020 年疫情冲击下就业困难的应届高校毕业生提供了过渡性工作机会，对缓解其就业焦虑、经济拮据等困境起到了一定作用（见图 4-11）。

从不同职业群体来看，个体户/线下小店或者小铺的从业时间最长，从业 6 年以上的占比接近 30%，其次为美容美发人员，从事 3 年以上的比例超过五成。从业时间较短的职业有外卖送餐骑手、快递员、网络主播、自媒体写手等，其从业时间五成左右都在 1 年以内（见图 4-12）。

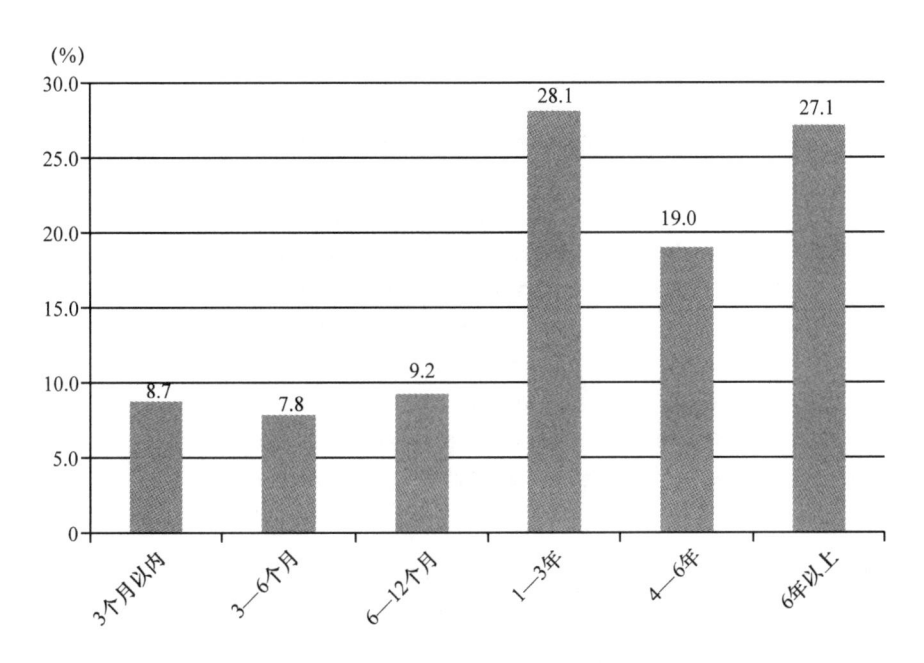

图 4-10 调研样本从业时间分布情况

资料来源：中国劳动和社会保障科学研究院、蚂蚁集团研究院。

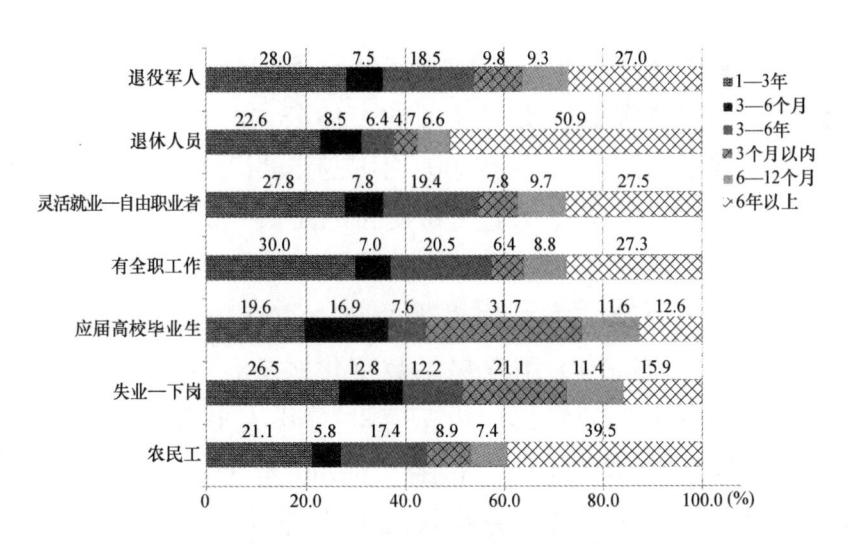

图 4-11 不同人群从业时间分布情况

资料来源：中国劳动和社会保障科学研究院、蚂蚁集团研究院。

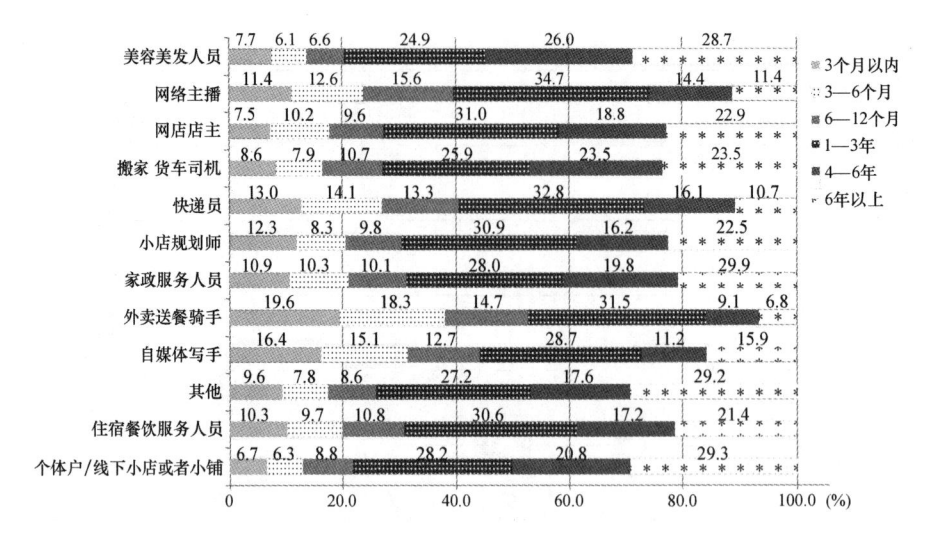

职业	3个月以内	3—6个月	6—12个月	1—3年	4—6年	6年以上
美容美发人员	7.7	6.1	6.6	24.9	26.0	28.7
网络主播	11.4	12.6	15.6	34.7	14.4	11.4
网店店主	7.5	10.2	9.6	31.0	18.8	22.9
搬家、货车司机	8.6	7.9	10.7	25.9	23.5	23.5
快递员	13.0	14.1	13.3	32.8	16.1	10.7
小店规划师	12.3	8.3	9.8	30.9	16.2	22.5
家政服务人员	10.9	10.3	10.1	28.0	19.8	29.9
外卖送餐骑手	19.6	18.3	14.7	31.5	9.1	6.8
自媒体写手	16.4	15.1	12.7	28.7	11.2	15.9
其他	9.6	7.8	8.6	27.2	17.6	29.2
住宿餐饮服务人员	10.3	9.7	10.8	30.6	17.2	21.4
个体户/线下小店或者小铺	6.7	6.3	8.8	28.2	20.8	29.3

图 4-12 不同职业从业时间分布情况

资料来源：中国劳动和社会保障科学研究院、蚂蚁集团研究院。

（三）互联网平台促进就业的实证研究：以支付宝平台为例

支付宝平台整体业务由数字支付业务和数字互联业务两大部分组成。支付宝数字支付业务的主体公司——"支付宝（中国）网络技术有限公司"于2004年成立，当时的支付宝只是淘宝网内部用来满足用户线上交易支付的工具。2007年正式独立之后，其成为真正意义上的第三方支付开放平台。2008年，支付宝率先接入由第三方机构提供的水电煤线上生活缴费服务，开始聚合商家和机构为用户提供数字化服务，这项服务也是支付宝数字互联业务的雏形。由于互联网开放平台的加速发展，支付宝于2016年成立了"支付宝（杭州）信息技术有限公司"。该公司为支付宝互联网业务板块的主体公司，主营业务为互联网技术信息服务，业务范围涵盖数字技术开发、数字生活服务、商家开放平台、数字营销等诸多领域。从支付宝十几年的历程中可以看到，支付宝平台的业务以数字支付业务为起点，以B

端、C 端的需求变化为契机，顺势而为衍生出了数字互联的业务板块，是一个非常重要的服务业数字化经营开放平台。

蚂蚁集团在 2021 年可持续发展报告中首次披露了新的发展战略和战略目标。根据报告披露的内容，蚂蚁集团确定了"数字普惠""绿色低碳""科技创新""开放生态"四位一体的 ESG 可持续发展战略。支撑可持续发展战略是蚂蚁的五大业务板块，即数字支付开放平台、数字金融开放平台、数字科技服务、服务业数字化经营开放平台以及国际跨境支付服务。本书的研究重点是服务业数字化经营开放平台在促进就业方面的重要作用，及其带来的社会经济价值。

支付宝平台支付业务作为一项技术，不仅开放给消费者，为其提供数字支付服务，而且也为商家、服务商的收单业务提供技术支持和支付渠道。经过多年的技术革新，以支付技术为核心的支付业务为支付宝积累了海量用户，也为其作为服务业数字化经营开放平台打下了坚实的基础。支付宝数字互联业务的核心产品是支付宝 App 和支付宝开放平台。一方面，商家和服务商可以通过支付宝 App 为消费者提供餐饮、零售、出行、便民、娱乐等丰富的数字生活服务，满足消费者吃喝玩乐购等各方面的数字生活需求。另一方面，通过构建支付宝开放平台，向政府机构和商家开放数字化经营阵地、工具和流量，携手服务商群体共同助力他们在支付宝 App 上开展数字化经营。这个平台在推动服务业数字化经营方面已具备一定的规模。

根据以上支付宝平台的业务体系，可以总结归纳出支付宝平台促就业的机制包括四个部分：平台自身产生的就业机会、平台带来的引致就业机会、平台促进就业、平台助力重点和特殊群体就业。其中，支付宝平台自身产生的就业机会是指与支付宝两大主体公司及参股控股公司签订劳动合同的就业以及业务外包就业。平台带来的引致就业机会包括聚合服务商创造的就业和数字化运营创造的就业。平台促进就业是指支付宝通过就业聚合频道、芝麻信用、直播解决方案优化劳动力市场信用环境，完善用工全链路，提高岗位匹配效率。平台助力重点和特殊群体就业是指支付宝运用数字技术打破工作场景的刚性限制，在创造新的就业机会的基础上，发挥平台的助推作用，帮助女性群体、残障群体、贫困群体实现就业。

1. 直接就业方面

作为一家全球领先的第三方支付平台，支付宝数字支付开放平台已经为超 10 亿用户、约 8000 万商家提供支付服务。巨大的用户体量和丰富的业务类型使得其本身的发展，会为劳动力市场提供大量技术、运营、产品等方面的就业机会。根据中国人民大学劳动关系研究所联合课题组《数字平台就业价值研究报告——基于蚂蚁集团生态的分析》的研究结果，蚂蚁集团自身提供的就业机会主要包括四个部分，分别为集团雇用就业、生态用工就业、灵活用工就业以及参股控股公司的就业。蚂蚁集团直接雇用就业 2.23 万人，生态用工就业 6.02 万人，参股控股企业的就业机会，按照股权占比加以折算，为 2.1 万人，以上合计为 10.35 万人。另外，在 2021 年 6 月至 2022 年 6 月的一年时间里，集团灵活用工总工时为 546.6 万个小时。

2. 引致就业方面

服务商就业机会为各类服务商承接蚂蚁集团相关业务而带动的就业机会，不同类型的服务商所带动的主要就业机会存在明显区别。例如，开发型服务商中存在大量技术人员的就业，推广型服务商以地推人员就业为主，代运营服务商以数字化运营人员为主，内容服务商以短视频等内容创作者为主，硬件设备服务商以 IoT 相关设备（如刷脸设备、音箱、3D 摄像头等）的生产制造和装配人员为主。

以服务商——企迈科技为例，企迈科技有限公司是一家专注线下商家运营解决方案的服务提供商，致力于帮助商家营造更丰富的消费场景及更精细的门店运营。从2009年创办以来，企迈科技从线上转型到线下门店SaaS产品研发，为全国上千家连锁品牌、30余万家门店提供新一代数字化经营方式。目前拥有企迈小程序、会员系统、排队取餐、排队叫号、卡券平台、IoT设备等运营服务及一站式垂直行业解决方案。如今，企迈科技已经从最早的几个人团队发展到300多人的团队规模，其中70%为研发人员。

目前，在支付宝开放平台上运营的服务商达到1.2万家，通过随机抽样的方式获取了约占总数5%的支付宝服务商样本并发放了调查问卷。统计显示，服务商中提供推广服务的占比约为69%，提供支付服务的占比约为65%，提供运营服务的占比约为46%，超一半的服务商提供一种以上的服务类型。从服务商员工规模来看，雇用10人以下的服务商超五成，雇用100人以上的服务商不到一成。其中，超60%的服务商使用灵活就业人员。中国人民大学劳动关系研究所联合课题组以抽样调查方式测算，这些服务商带来的就业机会达到52.8万个。

数字化运营就业机会指商家为了小程序、生活号和财富号等的日常运营、维护而专门设立的就业岗位，是商家在数字化经营过程中新创造出的就业机会类型。商家通过服务商开发小程序之后，需要专门的日常数字化运营人员。小程序是整个商业数字化供给侧的终末端，连接着支付宝、服务商和需求侧的消费者。小程序运营相关的岗位需要一定的计算机操作技能，同时由于付款、点单和促销等环节的数字化，衍生出一系列针对销售数据的分析工作，需要一定的营销和统计专业知识。使用小程序的商家产生丰富的应用场景以及消费数据，因此可以间接增加市场中小程序运营、数据分析师等线上就业机会。与此同时，门店的销售绩效因精细的数字化经营而得以提高，也会带动线下门店经营用工、外卖、仓储等岗位人数的增长。据统计，支付宝服务业数字化经营开放平台上的小程序数量超过400万个，经过问卷调查，蚂蚁生态带动的商家数字化运营就业机会共计84.5万个。

综上，从2021年7月到2022年6月，蚂蚁生态引致的就业机会共计137.3万个。

3. 促进就业方面

支付宝通过在劳动力市场的供需双方主体的解析框架下，衍生出就业聚合频道，结合需求方（企业）的芝麻企业信用、供给方（劳动者）信用等产品，以信息集合成不同参与主体和环节的信任体系，最终实现对劳动力市场结构和效率的优化。

支付宝就业聚合频道整合了多项就业服务工具，并形成了多个就业平台，能够提供"招、用、薪、培、保"服务的一站式灵活就业方案，助力优化招聘流程。具体来看，聚合频道的产品能力包含九大类别，包括身份认证、资金给付、权益保障、用工信用、风险控制、人岗匹配、沟通提效、营销推广、职业培训，同时在各个类别下进一步细化出对应的产品能力。上述能力的完备，实则是为用工全链路的各个环节搭建了信任框架并且提升了信用水平，企业的用工行为和劳动者的权益保护都在这一框架下得到监督和保护，继而推动如灵活用工等用工形态的良性健康发展。支付宝就业频道自2023年2月上线后，已在安徽、浙江、湖南、福建等多地试点，已有50家生态合作伙伴陆续入驻，提供了超过500万个岗位，2个月内帮用户发生了近40万次简历投递，人岗匹配率提升50%。

以支付宝上的就业招聘平台"1号职场"和"青团社"为例，"1号职场"孵化、成长均在支付宝生态，支付宝开放的公域流量以及丰富的商家生态，使得"1号职场"作为新品牌快

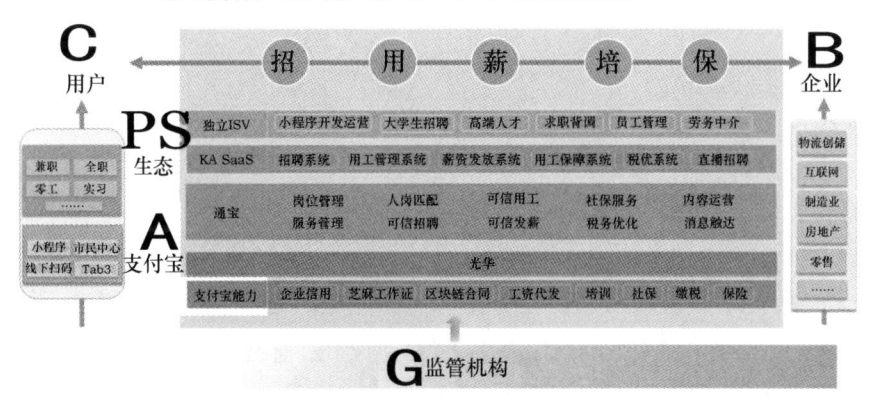

图 4-13 支付宝就业频道搭建思路

速成长。不到一年时间，"1号职场"已积累近千万求职用户。"青团社"是一个灵活用工平台，以劳力共享的模式为学生和蓝领提供安全可靠的兼职工作，为企业提供弹性用工解决方案。"青团社"上线支付宝小程序首月，即获客40万、日活注册比为56%，次日留存率达到65%。截至2022年4月，"青团社"支付宝小程序累计使用人数已经突破4000万。从这些数据可以看到，这类服务商借助支付宝的芝麻信用、人脸识别等数字化能力，高效高质量地解决了作为招聘平台的身份认证、信任安全保障的基础问题。再结合支付宝提供的引流机制、数字化运营工具，找到了属于企业自身的细分市场，从而提高了岗位匹配效率，增加了就业机会。

随着数字经济的深入，直播等新模式爆发式增长。支付宝生活号"直播"能力上线之后，其强交易心智带来的精准投放、芝麻信用等能力，使"直播带岗"这种模式在支付宝上大大提升了岗位的匹配效率，从而大幅度提高了就业效率。例如，2023年，支付宝已联合招聘机构等上线500场直播，吸引近14亿人次观看。再如，2023年五福活动期间，"1号甄选"在支付宝生活号的单场直播观看量超2000万人次。闪聘在支付宝开通直播半年，闪聘已联合超 4000 个企业提供各类灵活用工岗位，其生活号直播间吸引超千万用户在线求职。"1 号职场"在支付宝上"直播带岗"，有 2100 万人围观，相当于 700 场线下招聘会。

专栏：支付宝提高就业效率的案例

蜜蜂公会：首个县域灵活用工平台，以支付宝小程序形式为衢州开化提供灵活就业全链路服务。目前已服务超 68000 人，上线后人均收益增加 900 元。此前，能通过就业人力资源市场线下场景、网格员上门等方式进行推广，2023 年入驻支付宝就业频道后，岗位转化率有了 50% 的增长。

智慧就业码：全国首个就业码，打造服务求职者和企业间的"码上"闭环生态，做到"线上招聘不停歇，就业服务不打烊"。只要扫一扫"智慧就业码"，求职者就可以足不出户免费找工作了。而企业可以通过平台免费发布招聘信息，做到"一企一码"，并按照求职者所在区域优先推出就近企业的招聘信息。截至 2023 年 5 月 5 日，已聚集 4445 家企业，推出招聘岗位 50163 个，发布用工需求 156591 人，已有 39148 位应聘者通过"智慧就业码"填报和发布求职简历。

4. 助力重点和特殊群体就业方面

传统的劳动力市场对工作地点、工作时间有着较为严苛的要求，在雇主、客户和家庭的多重约束下，一部分特殊群体难以实现就业，例如因生育退出劳动力市场的女性、丧失部分劳动能力的残疾人。数字经济打破了工作场景的刚性限制，增加了就业的灵活度，在一定程度上有利于传统劳动力市场上处于弱势地位的群体就业。支付宝致力于通过技术与平台资源，帮助多元社会群体获得更多平等发展机会。

针对乡村女性群体就业，支付宝推出了"数字木兰"就业培训计划。该就业培训计划具体包括"AI豆计划""服务星站计划""乡村民宿管家培训计划""乡镇社工培训计划"等子项目，每个子项目分别针对不同的受益群体。"AI豆计划"和"服务星站计划"面向有一定电脑操作能力的人群，为他们提供数据标注、内容审核与客服类培训及岗位；"乡村民宿管家职业技能提升计划"面向受教育时间较少的乡村女性，通过设立培训基地和举办培训班的方式来支持受益对象从事假发制作、穿戴甲生产、民宿管家等工作；"乡镇社工支持计划"则基于乡村留守老人、儿童等群体的照料需求无法得到满足的现状，通过专业技能培训，支持更多的返乡青年和本地女性从事乡镇社工等专业社会服务类工作。

针对残障群体就业，支付宝App推出"蓝风铃"无障碍计划，致力于运用科技的力量支持有就业意愿的残障人士，在生活、培训、就业等方面获得更多平等发展机会。用户在支付宝App上搜索"蓝风铃"，即可获取全国的蓝风铃旅行指南。该指南收录了近百家店铺的地址、名称以及背后的故事等信息，这为残障人士的创业活动提供了宝贵的流量支持。"蓝风铃"计划还为残障小店提供语音转文字IoT收银设备、客人到店自动感应灯箱等无障碍工具，降低经营者因身体原因造成的沟通障碍和经营门槛。截至2022年8月，"蓝风铃"计划累计为全国20个城市、超100家残障人士开设和就业的小店提供支持，包括IoT设备、广告投放、流量扶持、专属客服等。此外，支付宝还通过"云客服"这种不限地点、不限时间的工作岗位，配以线上技能培训、智能辅导等工具降低就业门槛，实现资源、技能、知识的扩充，给更多残障群体带来就业机会。

图 4-14 支付宝"蓝风铃"无障碍计划

（四）增强互联网平台促进就业的效果的政策建议

当前，国内经济发展面临需求收缩、供给冲击、预期转弱三重压力，部分行业企业用工需求减少，企业稳岗压力有所加大，中国就业形势依然严峻。互联网平台所具有的巨大就业潜力有待继续挖掘，就业创造和引致效应有待继续释放，平台经济"蓄水池"和"稳定器"的作用还有待加强。对于进一步增强互联网平台促进就业的效果,提出以下几点建议。

一是持续推进平台企业高质量发展。平台企业在就业创造方面的作用得到了中央的高度重视。2022年中央经济工作会议指出,"支持平台企业在引领发展、创造就业、国际竞争中大显身手"。推动平台企业高质量发展将有利于其就业创造效应的进一步发挥。其一是要推进数字技术的发展。平台企业的发展很大程度上依赖大数据、云计算、人工智能等核心技术的研发突破,其对就业、创业的带动作用不可替代。一方面,技术创新往往会产生大量就业机会,尤其是高技能劳动力的就业。另一方面,某些行业迫于当前技术瓶颈,数字化转型成熟度还不够,难以充分释放其就业需求。中国拥有超大市场与人口规模,具备海量数据的优势,在数字技术的助推下,应用场景将进一步拓展,新产业、新业态、新模式不断涌现,从而推动更多群体就业。其二是要鼓励平台企业与服务商、商家、消费者形成更紧密的协同关系。平台在就业创造方面,主要是通过平台生态、提升平台生态内企业的效率和效能,从而推动其吸纳更多的就业。

二是更好地发挥平台在就业招聘、职业培训、技能认定、创业服务等方面的作用,优化就业环境。发挥平台在聚合劳动力需求、解决就业信息不对称、提高技能认定可靠性、降低创业门槛等方面的作用,促进那些被平台替代效应影响的劳动者转岗再就业,加强对失业或即将面临失业劳动者的技能培训,引导其向新经济、新形态转型,推动劳动者向知识型和技能型就业为主转型,避免掉入"低人力资本发展陷阱"。鼓励平台与高等教育机构、职业教育机构、职业技能培训机构合作,推动其专业设置、课程内容、人才培养模式与新技术、新业态、新模式发展衔接匹配。

三是规范平台用工机制,健全社会保障体系。中国灵活就业群体规模庞大,国家统计局数据显示,中国灵活就业群体规模已达 2 亿人，与 8.94 亿人的全国劳动年龄人口规模相比，灵活就业群体占比接近 22.4%。灵活就业模式不仅拓宽劳动者就业新渠道，成为劳动增收的重要途径，从长远来看，该模式还对升级中国现有劳动力结构、释放潜在生产潜能和稳定就业市场具有重要作用。由于长期存在信息不对称问题，岗位匹配效率低，灵活就业的劳动者的权益保障也时常游离在灰色地带。鉴于此，政府与平台协同，规范灵活用工机制，明确劳动者的权益及其保障机制，及时对工作时间、工伤认定、劳动争议等作出规定，加快推出适应灵活就业特点的社保制度。平台方应充分运用数字化能力，为企业和劳动者建立互信机制，提高岗位和劳动者的匹配效率。优化劳动者的权益保护机制，实现更高质量的就业。

四是完善协同治理体系，保障各方权益，维护市场秩序。厘清各类新就业形态涉及的不同部门领域的法律和制度关系，明确各类劳动保障权益中各方关系主体权责的边界，政府部门要在包容审慎、规范促进的原则下，加强顶层设计，适时修订完善《就业促进法》《劳动合同法》等相关法律。平台企业要坚持科技向善的可持续发展方向，树立承担社会责任的意识，自觉依法合规用工，积极履行用工责任，规范经营与管理行为，避免非经营性风险。发挥工会、行业协会等组织的作用，促进行业及其从业者行为自律。劳动者自身也应发挥主观能动性，明确作为从业者也应参与到企业治理中来，行使民主参与权利。完善协商协调机制，平台在制定关于劳动报酬、劳动过程管理、劳动时间和强度等重要事项的制度规则和使用平台算法时，多听取劳动者代表和工会组织的意见和建议，畅通投诉举报渠道，建立健全以职工代表大会为基本形式的企业民主管理体系，保障新就业形态劳动者的知情权、参与权、表达权、监督权。

五 防范平台风险，更好发挥平台社会经济价值

本书的研究表明，平台在推动企业数字化转型、促消费、稳就业方面具有重要价值。然而，也应该看到，平台在发展过程中，其技术及商业模式的创新可能带来新的风险。正如习近平总书记在网络安全和信息化工作座谈会上所指出的，古往今来，很多技术都是"双刃剑"，一方面可以造福社会、造福人民，另一方面也可以被一些人用来损害社会公共利益和民众利益。因此，中央财经委员会第九次会议强调把握平台经济发展规律，建立健全平台经济治理体系。为了更好地发挥平台的社会经济价值，需要进一步完善平台经济治理体系，更好地发挥平台社会经济价值。

（一）正确认识平台经济发展中存在的风险

1. 平台在交易中的中介地位及其滥用问题

大型数字平台很多具有交易功能，这些平台上汇聚了大量卖家和买家，平台可以对交易过程设置基本规则并依据此规则对交易过程进行监管。平台在交易过程中，充当了中介的作用。由于平台上汇聚了大量的消费者，很多在平台上进行交易的卖家对平台有着依赖。例如，对很多在亚马逊上的卖家而言，他们的绝大部分甚至全部营业额都可能来源于亚马逊市场。在中

国,也有很多中小卖家,对某个平台有着非常强烈的依赖。在这种情况下,平台就拥有了对这些卖家的话语权。

因此,平台有可能利用这种权力,侵害卖家的利益。例如,某些平台要求平台内经营者进行"二选一"就是一个典型案例。还有一些平台可能会利用这种地位,向卖家收取许多不正当的费用,甚至进行各种不合理的处罚,如亚马逊就曾以各种名目冻结乃至没收很多中国中小卖家的货款。又如,应用商店已经成为应用软件行业的"看门人"。其中,App Store 和 Google Play Store 作为发展规模最大的两家应用商店平台,已经成为应用软件分发行业的垄断寡头。根据 Sensor Tower 的统计数据,2021 年全球消费者在这两个市场上的应用内购买、订阅和支出达近 1330 亿美元。而苹果公司则利用其地位,向开发者收取高达 30% 的费用。很多国家的政府和应用程序开发者都认为这种高昂的费用不合理。

在平台既有自营业务也有第三方业务时,平台还可能利用这种权力歧视第三方卖家。例如,苹果曾阻止从 App Store 更新 Spotify,因为 Spotify 是 Apple Music 的竞争对手。

2. 平台的内容过滤"看门人"功能及其滥用问题

数字技术的发展,使大量普通消费者能够通过专有信息服务上网,拥有了向公众或至少向各自专有网络的其他用户发布信息的大量权利和自由。网络技术的发展,使内容的传输、使用和再利用方面具有高度生成性,人们可以通过基于文本的聊天、公共留言板、电子文件和文档库等预先开发的应用程序,以新的方式相互交流,通过远程及群与群之间的方式发明新的对话形式。互联网的这种新传播技术也允许用于不良用途,如传播诽谤信息和向儿童传播色情制品。这种行为由难以找到且可能具有判断力的个人发起,很快引发了第三方责任问题,即谁来为网络信息的传输服务负责。最开始,人们探讨的是,互联网信息接入服务商（ISP）是否需要承担责任。无论是在技术手段，还是在法律责任方面，需要ISP承担"看门人"责任都不现实。一个可行的方案是，平台企业对平台上的用户所发布的内容承担责任。1996年，美国通过的"规范通信法"（CDA）第230条对平台就用户所发布内容的责任进行了豁免。在这种情况下，平台企业所承担的内容审查责任非常有限。

进入web 2.0时代，用户生成内容（UGC）平台大发展之后，平台的责任发生了变化，使平台承担着内容发布规则制定以及某种程度上的规则执行责任，这又加强了平台的"看门人"功能。用户需要发布相关内容，都需要按照平台的内容发布规则进行审查。在这个背景下，平台承担了一部分内容审查的公共职能。如何平衡平台私利与公共属性之间日益凸显的矛盾，成为网络平台内容治理的关键点。总体上看，在平台内容监管机制方面尚存在缺乏顶层设计和长效机制、平台自由裁量权过大、过度依赖算法容易引发对立等突出问题。

第一，内容治理缺乏顶层设计，平台自由裁量权较大。当前，国家对平台监管的原则是落实平台主体责任。这种公权力的让渡，虽然解决了网络社会中政府的隔层监管难题，但从实施效果来看有利有弊。对于网络内容治理来说，平台同时扮演着竞争主体和市场秩序维护者的角色，对于平台在网络内容治理中处于何种地位、其行动的边界在哪里等关键问题，尚缺乏清晰的顶层设计。不能忽视的是，平台所承担的主体责任已经超出了平台自身能够承担的能力边界。无论是技术风险的排查整改，还是内容生态的把控，平台都无法合理把握公共性的边界。虽然国家监管部门对平台内容审核的主体责任给出了指导性原则，如涉黄、涉毒、涉诈、涉政、涉密等，但在落实的过程中如何判断并没有明确的标准，平台自主制定规则容易越位。

第二，内容监管的长效机制尚未建立，各部门协同监管机制亟待完善。一方面，当前平台内容监管采取的是一种被动应对式的策略，主要是针对平台内容采取事后的整治行动，缺乏预防性的、长效性的平台内容监管、风险预警和危机处理制度机制，难以做到防患于未然。另一方面，平台内容监管的协同机制尚待完善。平台内容监管涉及网信、工信、宣传、文化、广电、公安、检察、法院等诸多部门，内容监管缺少常态化协同机构，缺乏对各部门行政资源、信息、标准、责任、义务等统一的协同监管机制设计。

第三，网络内容治理中的各主体权责存在明显的不均衡。2019年公布的《网络信息内容生态治理规定》，明确了内容生产者、内容服务平台、内容服务使用者、网络行业组织的相应职责，但各主体的职责权力并不平衡。平台在用户注册、账号管理、信息发布审核、跟帖评论审核、版面页面生态管理、实时巡查、应急处置和网络谣言、黑色产业链信息处置等方面具有较大的裁决权；内容生产者和内容服务者则对平台缺少相应的制约，只能通过投诉、举报等形式产生影响。此外，网络行业组织对平台加强社会责任以教育培训和宣传引导为主，多充当居中联络角色，在治理主体中处于较为边缘的位置。

第四，平台内容审核缺乏统一的标准和规范，为违规信息的跨平台传播提供了空间。平台作为决定信息内容审核机制的主体，除了法律法规的底线之外，审核标准的制定基本上掌握在各平台运营和标准制定组手中，甚至取决于质检组的个人喜好，随意性较强。一方面，"流量"始终是平台衡量内容生产的主要价值标准，仅依靠平台自身的内部治理无法达到要求。内容审核标准同平台逐利性之间存在冲突，平台审核标准的变动更是牵扯平台成本和流量损失核算，存在整改期收紧、整改期过了就放的问题。另一方面，各平台审核标准不一，为内容跨平台套利提供了空间。一些"擦边球"内容在某些平台下线后，就搬到其他平台继续传播。

第五，内容审核过度依赖算法容易引发舆情，造成网络世界的对抗。一方面，个性化算法推荐被广泛应用于信息内容的分发与推荐，在提高信息内容分发效率的同时，也带来了内容安全、传播虚假新闻等问题。另一方面，AI审核虽极大地解放了人力，但对复杂信息的判断常常出现常识问题，简单粗暴的"一刀切"的处理方式也容易引发过激事件。之前出现过有平台AI算法屏蔽共青团、全国人大法工委发布的信息等问题。可以预见的是，平台违法违规信息覆盖范围极广、新的违规问题层出不穷，平台对算法审核的日益倚重加上应急处理预案的缺乏，未来即便是有很强的技术实力和内容审核经验的平台，也可能在很基础甚至很愚蠢的问题上栽跟头。

而且更为重要的是，平台内容监管职能与平台流量垄断相结合之后，平台成为参与和审议的信息看门人（Internet Information Gatekeepers，IIG）。IIG把关从传统的关注信息"选择"、"处理"、"分发"和"中介"转变为"信息控制"，其具体机制包括渠道（即搜索引擎、超链接）、审查（即过滤、阻止、分区）、增值（即定制工具）、基础设施（即网络访问）、用户交互（即默认主页、超文本链接）和编辑机制（即技术控制、信息内容）。一方面，对用户生成内容平台的信息生产者而言，平台控制了内容发布的渠道，内容生产者高度依赖平台。平台对内容生产者的利益进行肆意剥夺。另一方面，平台利用其对内容的控制权，向用户推送有利于平台的信息，控制舆论，并制造"信息茧房"效应。

3. 平台以流量运营为中心的商业逻辑带来多种乱象

中国数字经济快速发展的过程与互联网用户快速扩张同步，很多平台正是依托庞大的用户群而发展起来的。因此，在商业模式方面，平台及平台上的B端商业用户，以及大量的平台创作者，都选择了以流量为中心的商业逻辑。在流量红利日益减少的今天，平台为了争夺流量，产生了"刷单炒信""虚假宣传""流量劫持"等乱象。比如，在交易服务类平台中，存在通过刷流量、刷评价、货不对板、发布虚假信息、店大欺客、到店无房等流量造假、虚假宣传行为。再如，利用"网红效应"虚构关注度、流量、评价，组织员工、亲友等熟人，雇用专业团队或"刷手"，通过虚假交易拍A发B、"寄空包"等方式进行"刷单炒信"。在社交娱乐类平台中，存在粉丝互撕谩骂、拉踩引战、"流量明星"等"饭圈"乱象。

4. 平台为用户提供多样化服务及其带来的行为控制问题

平台通过业务发展，形成了大量多元化的业务。这些业务之间具有互补性，能够满足消费者的多样化需求，给消费者带来一定的便利。然而，平台这种业务的多元化，也使平台能够更多地了解用户偏好，针对用户制定个性化的营销方案，进行个性化的内容推送，这加大了平台对用户的控制力。

有研究表明，数字平台正在刻意让用户沉迷上瘾，同时诱导用户产生更多有利于数字平台利益的行为，以帮助平台完成自我强化。数字平台正在通过操纵消费者给自身带来更多的流量、用户数据与广告收入等优势，增强对市场的控制力并排除竞争。更为严重的是，用户时间被网络平台垄断，平台能够进一步延伸到上下游领域。把"用户至上"的服务做到极致，使用户上瘾，掉入浪费时间的陷阱。Robert Epstein 指出，搜索引擎通过对用户的知识分发进行操纵，能够有效影响用户的倾向。[1] 这就是"搜索引擎操纵效应"（the Search Engine Manipulation Effect, SEME）。通过 SEME，搜索引擎加强了其流量优势，并可能使消费者形成信息茧房。还有研究表明，数字内容对我们大脑的影响不仅限于接触时间，而且还具有类似于化学

---

[1] R. Epstein et al., "Suppressing the Search Engine Manipulation Effect (SEME)", Proceedings of the ACM on Human-Computer Interaction, 2017.

物质的成瘾性属性,并进一步影响用户观点的形成。

例如在很多平台,可以通过默认设置的方式,影响消费者的选择,从而使消费者与平台形成更深的利益互动。已有垄断地位的平台可以要求消费者作出选择,在这个过程中,用特别颜色突出显示一个选项或将其放在第一位,可以极大地增加该选项被消费者选中的概率。事实上,在平台的精心安排下,受到损害的消费者通过自己的行为产生了更多的进入壁垒。消费者不会向下滚动以查看更多搜索结果,他们同意平台提供的默认选项,从而使自己对单一平台的依赖更深,也使其他竞争平台难以进入。这是一个巨大的利益链,据报道,Google 为了让其成为 iPhone 上的默认搜索引擎,每年向苹果支付 120 亿美元。在国外的研究中,将诱骗消费者使用默认设置的行为称为"暗模式"(Dark Patterns)。根据实证研究,极端的"暗模式"可以使接受率提高 371%。

平台对消费者的行为控制问题由于其隐蔽性、表面上与利益无关等特征,并没有受到相关部门的高度重视。但是,我们已经看到,平台还可以利用大数据、算法等,设计出具有成瘾性的产品,通过使消费者上瘾而一直使用平台,增加平台的吸引力。市场垄断和成瘾技术的结合,可能对消费者福利带来极大的损害。笔者的实地调研表明,在现有的算法技术加持下,网络上瘾已不单纯是青少年的事情,很多老年人也出现了网络上瘾的特征。

5. 平台相关的安全风险问题

平台经济的广泛渗透,使社会生产、生活、治理等过程全部数据化,带来了数据量的爆炸式增长。有数据表明[①],未来三

---

① "Data 4.0-Rethinking Rules for a Data-driven Economy", January 31, 2022, World Economic Forum, https://www.weforum.org/agenda/2022/01/data-4-0-rethinking-rules-for-a-data-driven-economy/.

年生产的数据量将与过去三十年生产的数据量相当。这些数据有40%来源于对机器运行过程数据的收集，数据安全问题日益严重。

个人数据安全问题受到了严重挑战。由于个人生活已全面数字化、网络化，其个人数据的收集维度快速增长，人工智能叠加大数据，可能导致部分传统数据匿名化处理失效，匿名数据可能被重新识别。随着人工智能技术的应用，这些数据可以用于精准地预测、诱导乃至干预个人行为，将对个人生活乃至国家安全带来不利影响。例如，当前的很多电信诈骗具有利用个人数据进行精准诈骗的特征，这使被骗者非常难以预防。国家互联网应急中心发布的《2020年中国互联网网络安全报告》显示，中国公民个人信息未脱敏展示与非法售卖情况较为严重。监测发现，全年共发生政务公开、招考公示等平台未脱敏展示公民个人信息事件107起，涉及未脱敏个人信息近10万条。而美国联邦调查局（FBI）负责个人数据安全的特工在2018年公开表示[1]，每个美国公民都应该预料到他们的所有数据（个人身份信息）都已被盗，并且在暗网中被售卖。2023年3月，OpenAI发布公告[2]，证实部分网络安全Plus服务订阅用户的个人隐私和支付信息存在泄露。这导致81%的用户担心ChatGPT带来的数据安全问题。

商业数据安全问题也越来越严重。企业数据云化、开放化、开源化、大连接均增加了数据防护难度；工业互联网将研发、生产、营销、管理等相关数据聚合起来，使数据在生产经营过程中的重要性日益增加。随着供应链的数字化、智慧化，供应

---

[1] "Cybercrime to Cost the World ＄10.5 Trillion Annually By 2025", November 13, 2020, Cybersecurity Ventures, https://cybersecurityventures.com/hackerpocalypse-cybercrime-report-2016/.

[2] "81% Think ChatGPT is a Security Risk, Survey Finds", June 28, 2023, Digital Trends Media Group, https://www.digitaltrends.com/computing/chatgpt-security-risk-malwarebytes-survey/.

链带来的数据安全问题也不可忽视。例如，在美国 Target 和 HomeDepot 的数据泄露案件中，数据泄露都是从供应链攻击开始的。从企业数据泄露来看，很多企业均收集了大量个人数据、供应链数据、经济分析数据等。这些数据泄露不但带来了巨额的经济成本，也带来国家安全方面的风险。根据 IBM 发布的《2022 年数据泄露成本报告》，数据泄露的全球平均成本从 2021 年的 424 万美元增加到 2022 年的 435 万美元，增长了 2.6%，创历史新高。

公共数据安全问题的影响越来越大。公共部门是最大规模的数据拥有者，其数据涉及大量个人隐私、国家安全等问题，数据安全问题的影响非常大。根据英国信息专员办公室（ICO）报告[1]，卫生和教育部门出现数据泄露的情况最多。英国警方在过去 3 年间共发生 12 起数据泄露事件。这些数据泄露事件产生了非常严重的安全隐患。

在平台经济模式下，平台作为企业数字化的中枢，其数字安全问题向物理世界传导的趋势越来越明显。

平台在推动企业数字化过程中，数字技术的强渗透性，使数字安全能够通过供应链传导到整个经济体系。工业互联网的广泛应用，使整个生产经营流程数字化，企业通过数字技术控制企业的研发、设计、生产、管理、营销、售后服务等全部流程，网络攻击会对企业的物理生产经营过程产生重大影响。当前，对工业互联网领域的安全问题仍重视不足，风险评估、安全防护、安全管控等方面的技术和意识仍较薄弱。[2] CNCERT 监

---

[1]《英国警方频频泄露数据引担忧，专家：公众会对重要数据频繁丢失感到不安》，2021 年 7 月 6 日，人民资讯，https://baijiahao.baidu.com/s?id=1704474581253509412&wfr=spider&for=pc。

[2] 例如，美国国家计算机安全中心（NCSC）的调查表明，只有不到 1/10 的组织在监控供应链带来的风险。参见 James Gordon,"How to Reduce Cyber Attacks in the Global Supply Chain", https://www.raconteur.net/risk-regulation/how-to-reduce-cyber-attacks-in-the-global-supply-chain/。

测发现，中国境内仍有大量暴露在互联网的工业控制设备和系统，存在高危漏洞的系统涉及煤炭、石油、电力、城市轨道交通等重点行业，覆盖企业生产管理、企业经营管理、政府监管、工业云平台等。实体生产领域往往具有连续性，一旦某个环节受到网络攻击而发生事故，将对整个生产流程带来影响，从而使损失进一步扩大。

平台正在推动供应链的数字化与智慧化。供应链的数字化使不同企业主体之间能够实现数据的互联互通，这要求供应链中的不同企业向其他企业提供接口，推动供应链的紧密集成，实现自动订购和自动开具发票，甚至自动结算支付等功能。这极大地提高了供应链的效率。但是，由于供应链中各个主体之间的安全防护能力有着巨大的差异，这使供应链成为针对生产领域进行攻击的重点。例如，在连锁超市 Target 导致 1.1 亿条数据记录丢失的恶性事件中，攻击者就是通过空调服务供应商 Fazio Mechanical Services 的接口，侵入 Target 的网络，最终非法访问并获取其数据，导致了数据泄露。

现有研究表明，供应链攻击正在快速增长。欧盟网络安全局（ENISA）的一项研究表明[1]，2021 年，利用供应链中的第三方实施侵入的网络事件占比达 17%，而 2020 年这一比例不到 1%。《2022 年数据泄露成本报告》显示，2022 年，供应链攻击的数量已超过基于恶意软件攻击数量的 40%，供应链攻击导致的数据泄露数量超过了与恶意软件相关的危害。根据 Argon Security 的一项研究，2021 年，供应链攻击比 2020 年增长了 300% 以上。一项针对全球 1000 名 CIO 的调查表明，82% 表示他们的组织容易受到针对供应链软件的网络攻击。开源软件中

---

[1] 转引自 James Gordon, "How to Reduce Cyber Attacks in the Global Supply Chain", https://www.raconteur.net/risk-regulation/how-to-reduce-cyber-attacks-in-the-global-supply-chain/。

所存在的开源漏洞正在成为攻击的重点。2021年，针对开源软件的供应链攻击增加了650%。针对供应链中第三方所使用的开源软件攻击的防护难度更大，根据Dynatrace的研究，61%的受访者表示，使用第三方或开源代码会使识别和解决应用程序漏洞变得困难①，这是因为大部分使用开源软件的企业缺乏具有高安全度的策略。②

因此，网络攻击是供应链安全风险中的重大挑战，维护供应链各个节点的安全将成为企业供应链风险管控的核心目标之一。KPMG的调查表明③，近一半的全球组织将网络安全视为未来3年供应链的重要运营挑战。

（二）应对平台经济发展风险，发挥平台社会经济价值的对策建议

针对平台经济发展中所存在的问题，要通过推动平台经济在技术、模式、治理等方面的综合措施，从而更好地预防这些风险，发挥平台对国民经济发展的正向作用，从而推动平台经济健康发展。

一是明确平台作为交易中介地位的行为规范。

平台作为交易中介，要规范其向平台内经营者及消费者收费的行为，要求其收费透明化，不得利用垄断地位或优势地位

---

① "Why Software Supply Chain Attacks are Increasing"，July 29，2022，Dynatrace，https://www.dynatrace.com/news/blog/why-software-supply-chain-attacks-are-increasing/.

② 根据一项调查，在经历过供应链软件攻击的64%的组织中，大约70%的组织缺乏使用开源软件的适当策略。

③ "The Supply Chain Trends Shaking up 2023"，KPMG Global，https://kpmg.com/xx/en/home/insights/2022/12/the-supply-chain-trends-shaking-up-2023.html.

收取不合理费用。平台应明确其交易规则、准入门槛、惩罚规则等，不得任意对平台内经营者进行处罚或实施其他额外增加其经营成本的行为。监管部门应明确平台不得要求平台内经营者进行与平台业务经营无关的行为，例如，强制要求经营者不得在其他竞争性平台上开办业务。

二是明确平台作为内容"看门人"的行为规范。

通过建立涵盖平台、内容、账号、处置方式四个层面的平台内容分级分类监管制度，将平台内容监管做细做实。对平台内容分级分类，应综合考虑不同内容的类别、敏感程度、舆论属性、社会传播力等因素，对内容进行系统梳理和分类分级，设置明确且跨平台统一的内容监管标准、规则和程序。应建立健全用于识别违法和不良信息的特征库，即时进行不良内容及处置信息的平台间共享。对平台内容创作者进行分级分类管理，针对重点创作者着重进行内容监管。进一步完善对违法不良信息处置的分级分类标准化，同时建立应急处置机制。要根据内容的扩散速度及用户反应采取不同的处置策略，如限流、降权限、屏蔽、删除、封禁等，切忌"一刀切"操作引发舆情。

从监管部门来看，应建立多主体协同的内容监管体系。一方面，政府主管部门要与平台建立内容监管的协同机制，在内容监管技术研发、内容监管审查标准、内容监管后期管理等诸多方面进行全方位合作和及时沟通，激发平台对内容自检自净的内在动力。另一方面，内容监管相关的政府部门之间，也要建立起常态化的协同机制。从国外经验来看，平台内容监管涉及的部门众多，需要设立专门的机构以推动各个部门在平台内容监管方面的协同，如2021年英国政府成立的数字市场部门、2022年美国成立的网络空间和数字政策局等。

三是建立平台流量监管体系。

建立流量公平分配与监控机制。平台应建立起流量监控的底线，对那些突破底线获取流量的平台内经营者应予以坚决处罚。在流量分配方面，应要求平台建立起透明公平的流量分配规则，严厉打击平台的流量歧视行为。对平台以流量为中心的运营模式所带来的不良现象进行严格监管。

四是对平台的用户控制行为进行监管。

对大型数字平台设置中间件，即同时运行于平台应用软件与用户应用系统之间的一种控制软件，可以修改平台应用软件操纵技术的显示程度。中间件的显示程度分为轻度与重度方式，轻度的中间件运行监管将标记数字平台中的操纵技术和行为，如识别有争议、有误导、含有广告诱导的界面内容。目前有许多平台已开展此类中间件标识，如通知用户"该页面含有诱导信息"。重度的中间件运行监管将成为平台内容的网关，用户可以通过中间件控制和调整数字平台体验感，如目前已有平台使用的"绿色无广"模式。

鼓励平台在技术或软件运行前，对该技术的操纵性进行自我评估，包括对不同用户群体的操纵程度、不同应用场景下的易感性，以及各类影响进行自我分析，并最终形成评估报告。例如，打算应用"情绪操纵技术"的平台，应出具该技术对用户体验、易感性用户群体影响以及用户成瘾等问题的评估报告。

五是推动平台互联互通。

在互联网的发展过程中，推动信息在网络空间中无障碍流动是其发展的初心。借鉴"网络中立"原则，要求平台对所有网络流量进行无差别的平等对待，不能针对不同的内容、来源等而给予不同的接入、分享等方面的差别待遇。保障合法的网址链接正常访问，对无正当理由限制网址链接的识别、解析、正常访问的行为进行处罚。

六是建立平台数据、隐私、安全等方面的监管制度。

建立一个全过程、全主体与全维度的数据保护规范体系，从数据产生、数据收集、数据存储、数据共享、数据利用、数据安全措施等整个数据生命周期对数据进行保护。明确平台数据的权利体系，明确用户在平台上的行动轨迹所形成的数据所有权问题。联合国等认为，用户应该对其在平台上所形成的数据拥有权益（并不一定是所有权）；欧盟认为，用户对其在平台上所形成的数据有着控制权，如可以要求平台遗忘其所形成的数据或信息（被遗忘权）。中国的《网络安全法》倾向于用户对数据拥有控制权，而问题的关键是，即使明确用户对数据的控制权，如果对产权不进行明确规定的话，很容易导致平台将数据作为其私产。而且，现有的控制权方案没有包括数据的迁移权，用户因为没有对其数据的所有权，也无法向平台提出自己的要求。因此，既要避免平台将数据产权化，作为平台的私有财产，同时为了鼓励产业发展，也应承认数据收集者、控制者对数据的利用、开发等享有适度的权利。

以平台为重点，加大数字核心技术的研发力度，推动数字安全产业化发展。技术是数字安全的"命门"。无论是快速应对数字安全的威胁，还是提高对数字安全的预防能力，归根到底，都需要核心关键技术作支撑。2016年4月19日，习近平总书记在网络安全和信息化工作座谈会上明确提出，要以技术对技术，以技术管技术，做到魔高一尺、道高一丈。因此，在国家层面要进一步支持数字安全技术的研发，包括底层的密码技术、操作系统安全技术、芯片安全技术，到应用层的网络运行安全技术、工业软件安全技术等，并推动人工智能、区块链等技术在数字安全领域的广泛应用，从而建立起保障数字安全的技术体系。在技术创新的基础上，鼓励数字安全产业化发展。

关注供应链数字安全，提升中小企业数字安全水平和防护能力。工业互联网快速发展，数字技术全面渗透到供应链、产业链，带来了供应链、产业链的数字安全问题。其一，要提高对供应链数字安全的认识。当前，对网络运行安全、数据安全、虚拟空间秩序安全等问题已形成共识，且有大量的制度与技术措施已在运行中。在讨论供应链安全时，重点关注的是供应链的物理安全问题。对供应链数字安全问题，仍缺乏系统性的认识。因此，无论是政府部门，还是供应链的主导企业，都要将供应链数字安全问题放到更高的地位。其二，要通过各方协同，推动建立起供应链软件、数据等安全标准体系。供应链软件的接口不一，数据标准不统一，已成为供应链数字攻击的重要入口。因此，从安全的角度出发，建立起接口、数据、软件等各方面的标准，有利于提高供应链数字安全水平。

七是完善平台规制的体制机制。

建立一个统一的平台治理和规制机构。平台监管问题由于涉及的法律比较多，往往牵涉多个不同的执法部门。这些执法部门在执法目标、手段、方式等方面存在差异，使平台的监管执法难以做到迅速而及时，标准也难以统一。因此，有必要对涉及数字平台监管的相关法律法规及政策等进行整合，并统一执法部门。要重视平台的"自治"及社会各界共同参与的协同治理机制，建立数字平台、用户、第三方机构、政府等多方协同的治理框架。在政策方面，明确平台在数字经济治理中的作用，明确其权利、义务和责任。重点对平台关于赛博空间的规则制定原则、内容框架、实施机制等进行规定。同时，对这些规则的效力及实施过程进行必要的监督。

形成平台社会经济价值发挥的激励体系。引导平台更好地发挥其在推动实体经济发展、促进科技创新和技术进步等方面的正向作用。引导平台成为国家战略科技力量，在重大科技创新平台、基础研究、原创性引领性科技攻关等方面，发挥积极作用。支持平台与实体经济深度融合，为"专精特新"型企业提供投融资、人才培训、数字技能提升、产销精准对接等服务，培育一大批专精特新、充满活力的中小企业。

参考文献

柏培文、张云:《数字经济、人口红利下降与中低技能劳动者权益》,《经济研究》2021年第5期。

方建国、尹丽波:《技术创新对就业的影响:创造还是毁灭工作岗位——以福建省为例》,《中国人口科学》2012年第6期。

胡拥军、关乐宁:《数字经济的就业创造效应与就业替代效应探究》,《改革》2022年第4期。

黄浩:《数字经济带来的就业挑战与应对措施》,《人民论坛》2021年第1期。

江小涓:《高度联通社会中的资源重组与服务业增长》,《经济研究》2017年第3期。

李逸飞、李静、许明:《制造业就业与服务业就业的交互乘数及空间溢出效应》,《财贸经济》2017年第4期。

莫怡青、李力行:《零工经济对创业的影响——以外卖平台的兴起为例》,《管理世界》2022年第2期。

汪勇、尹振涛、邢剑炜:《数字化工具对内循环堵点的疏通效应——基于消费券纾困商户的实证研究》,《经济学》(季刊)2022年第1期。

王林辉、胡晟明、董直庆:《人工智能技术会诱致劳动收入不平等吗——模型推演与分类评估》,《中国工业经济》2020年第4期。

王文:《数字经济时代下工业智能化促进了高质量就业吗》,《经济学家》2020 年第 4 期。

杨飞虎、张玉雯、吕佳璇：《数字经济对中国"稳就业"目标的冲击及纾困举措》，《东北财经大学学报》2021 年第 5 期。

杨伟国、邱子童、吴清军：《人工智能应用的就业效应研究综述》，《中国人口科学》2018 年第 5 期。

张新春、董长瑞：《人工智能技术条件下"人的全面发展"向何处去——兼论新技术下劳动的一般特征》，《经济学家》2019 年第 1 期。

[日] 三浦展：《第四消费时代》，马奈译，东方出版社 2022 年版。

A. Bailin Rivares et al., "Like It or Not? The Impact of Online Platforms on the Productivity of Incumbent Service Providers", OECD Publishing, Paris, 2019.

B. Caillaud, B. Jullien, "Chicken & Egg: Competition among Intermediation Service Providers", *RAND Journal of Economics*, Vol. 34, No. 2, 2003.

B. Cova, D. Dalli, D. Zwick, "Critical Perspectives on Consumers' Role as 'Producers': Broadening the Debate on Value Co-creation in Marketing Processes", *Marketing Theory*, Vol. 11, No. 3, 2011.

C. Cheung, D. Thadani, "The Impact of Electronic Word-of-mouth Communication: A Literature Analysis and Integrative Models", *Decision Support Systems*, Vol. 54, No. 1, 2012.

D. W. Wallace, J. L. Giese, J. L. Johnson, "Customer Retailer Loyalty in the Context of Multiple Channel Strategies", *Journal of Retailing*, Vol. 80, No. 4, 2004.

D. Acemoglu, P. Restrepo, "The Race between Man and Machine: Implications of Technology for Growth, Factor Shares, and Employment", *American Economic Review*, Vol. 108, No. 6, 2018.

E. Brynjolfsson, Y. Hu, M. Smith, "Consumer Surplus in the Digital Economy: Estimating the Value of Increased Product Variety at Online Booksellers", *Management Science*, Vol. 49, No. 11, 2003.

E. Moretti, "The New Geography of Jobs", Mariner Books, 2012.

G. Lordan, D. Neumark, "People Versus Machines: the Impact of Minimum Wages on Automatable Jobs", *Labour Economics*, Vol. 52, 2018.

G. M. Cortes, N. Jaimovich, H. E. Siu, "Disappearing Routine Jobs: Who, How, and Why?", *Journal of Monetary Economics*, Vol. 91, 2017.

I. Reimers, J. Waldfogel, "Digitization and Pre-Purchase Information: The Causal and Welfare Impacts of Reviews and Crowd Ratings", NBER Working Paper, No. 26776, 2020.

J. Bughin et al., "A New Way to Measure Word-of-mouth Marketing", McKinsey Quarterly, 2010.

M. R. Ward, "Will Online Shopping Compete More with Traditional Retailing or Catalog Shopping?", *Netnomics*, Vol. 3, No. 2, 2001.

P. R. Berthon et al., "When Customers Get Clever: Managerial Approaches to Dealing with Creative Consumers", Business Horizons, 2007.

R. Alcarria et al., "New Service Development Method for Prosumer Environments", International Conference on Digital Society, 2012.

S. Gensler, P. Leeflang, B. Skiera, "Impact of Online Channel Use on Customer Revenues and Costs to Serve: Considering Product Portfolios and Self-selection", *International Journal of Research in Marketing*, Vol. 29, No. 2, 2012.

S. Litvin, R. Goldsmith, B. Pan, "Electronic Word-of-mouth in Hospitality and Tourism Management", *Tourism Management*, Vol. 29, No. 3, 2008.

W. Nordhaus, "Two Centuries of Productivity Growth in Computing", *The Journal of Economic History*, Vol. 67, No. 1, 2007.

李勇坚，经济学博士，中国社会科学院财经战略研究院研究员，中国社会科学院大学教授、博士生导师，中国社会科学院大学平台经济研究中心执行主任、中国市场学会副会长。兼任工信部信息通信科技委专家委员、国家数字贸易专家工作组智库支撑单位联络人、中国通信学会专家委员、中国信息经济学会理事、中国消费经济学会理事、IMT-2030（6G）推进工作组智库支撑单位联络人。主要从事数字经济、平台经济、服务经济理论等方面的研究，在国内外刊物上发表论文100余篇。参与多项国家与服务业、数字经济相关的政策文件起草或研讨工作。

刘奕，经济学博士，中国社会科学院财经战略研究院服务经济与互联网发展研究室主任、研究员，中国社会科学院应用经济学院教授、博士生导师。兼任国家发改委服务业专家咨询委员会委员。主要研究方向为服务经济、服务创新、共享经济。主持过多项国家社科基金项目和国家发改委委托项目、国家统计局重大统计专项等。在《中国工业经济》《经济学动态》《中国软科学》等期刊发表多篇学术论文，多篇研究报告获得中国社会科学院对策信息一、二、三等奖。多篇论文被《新华文摘》和人大复印报刊资料全文转载。

肖婷婷，人力资源和社会保障部中国劳动和社会保障科学研究院副研究员。主要研究方向为薪酬分配、人力资源管理等。主持或参与完成政策性研究课题60余项，其中，主持或作为主要执笔人完成的世界银行委托课题、国家社科基金课题、部级课题或院级课题20余项。公开发表论文20余篇，出版独著一部，参与编写专业书籍十余部。主持或主要参与多家企事业单位人力资源管理、中长期激励等咨询工作。近年来，积极参与关于鼓励企业科技创新薪酬激励的有关政策研究工作，并作为主要成员参与起草《国有企业科技人才薪酬分配指引》等。